北大版海外汉语教材

LEARNING
Chinese Overseas Textbook

2 海外汉语课本

高明明 岑玉珍 编著
By Gao Mingming & Cen Yuzhen

北京大学出版社
PEKING UNIVERSITY PRESS

图书在版编目(CIP)数据

海外汉语课本.2 / 高明明(Gao Mingming),岑玉珍(Cen Yuzhen)编著. —北京:北京大学出版社,2013.1
(北大版海外汉语教材)
ISBN 978-7-301-21782-5

Ⅰ.海… Ⅱ.①高…②岑… Ⅲ.汉语-对外汉语教学-教材 Ⅳ.H195.4

中国版本图书馆CIP数据核字(2012)第300937号

书　　　名：海外汉语课本(2)
著作责任者：高明明(Gao Mingming)　岑玉珍(Cen Yuzhen)　编著
责 任 编 辑：贾鸿杰
标 准 书 号：ISBN 978-7-301-21782-5/H·3204
出 版 发 行：北京大学出版社
地　　　址：北京市海淀区成府路205号　100871
网　　　址：http://www.pup.cn　新浪官方微博:@北京大学出版社
电 子 信 箱：zpup@pup.pku.edu.cn
电　　　话：邮购部 62752015　发行部 62750672　编辑部 62753374　出版部 62754962
印 刷 者：三河市博文印刷厂
经 销 者：新华书店
　　　　　787毫米×1092毫米　16开本　17.25印张　372千字
　　　　　2013年1月第1版　2013年1月第1次印刷
定　　　价：62.00元(含课本、汉字练习册、1张MP3)

未经许可,不得以任何方式复制或抄袭本书之部分或全部内容。
版权所有,侵权必究
举报电话：010-62752024　电子信箱：fd@pup.pku.edu.cn

使用说明

一、适用对象

《海外汉语课本》主要面向在欧洲各国大学学习汉语的学生群体，也适合海外一般成年外国学生的课堂教学和自学。《海外汉语课本2》适用于已经完成了《海外汉语课本1》或相近水平的汉语课程的学习者。

二、教材特点

1. 使学生学会最基本、最实用的口语句子；
2. 教学内容、篇幅与欧洲大学外语课教学进度及课时长度相近，设计为两学年（每周4学时左右）的课堂教学；
3. 教学内容及课文的情景设计考虑到欧洲学生当地的语言环境；
4. 语音、语法、词语教学内容力求针对欧洲学生的需求和难点，例如，增加拼音和英文翻译的辅助范围和长度。

三、教材内容和体例

1.《海外汉语课本2》共14课，除课本之外，配有相应的汉字练习册和录音光盘；
2. 每课包括课文、词语表、语法和练习四大部分；
3. 课文以会话和短文两种形式出现，为大学生日常生活场景；
4. 练习部分包括会话、语法、听力、阅读和语音练习。

鸣谢

芬兰赫尔辛基大学孔子学院对本套教材插图的资助。

教材的插图作者严禔女士，英文校对邵伯栋先生。

编　者

于赫尔辛基大学

Introduction

1. The readers

"*Learning Chinese Overseas Textbook*" is a set of textbooks which aims mainly at university students in European countries. They are also suitable for other adult foreign students overseas in class room teaching as well as for self-studies. *Learning Chinese Overseas Textbook 2* suits the learners who have completed *Learning Chinese Overseas Textbook 1* or similar level of Chinese language courses.

2. The features of the textbook

(1) The textbook enables students to grasp the most basic and practical spoken sentences.

(2) The content and the length of the teaching materials are close to European universities' teaching schedule of foreign languages. The textbooks are designed for two academic years (about 4 hours per week) of classroom teaching.

(3) The content and situational background of teaching materials are designed with the consideration of the native environment of European students.

(4) The teaching of grammar and syntax as well phonetics is designed to meet the needs and constrains of the students overseas. For example, *pinyin* and English translation are used as a helping device to a fuller extent.

3. The content and layout of the textbook

(1) The complete set of *Learning Chinese Overseas Textbook 2* consists of textbook and a workbook on Chinese characters as well as CD.

(2) Each lesson consists four parts: Text, New Words, Grammar and Exercises.

(3) The texts consist of dialogues and passages with university students' life as the background.

(4) The exercises consist of practice on conversational skills, grammar, listening, reading and pronunciation.

Acknowledgements

The illustrations of this set of textbooks are financially supported by Confucius Institute of Helsinki University in Finland. The illustrations by Ms. Yan Ti and English proofreading by Mr. Shao Bodong are also gratefully acknowledged.

The compilers
University of Helsinki

目 录

第一课　　语法　　我们去动物医院了 …………………………………… 1
　　　　　　　　1 助词"了"(二) 表示事情已经发生或者已经完成
　　　　　　　　2 动词重叠 (一)

第二课　　语法　　她看了一个电影 ………………………………………… 14
　　　　　　　　1 助词"了"(三) 表示动作的完成
　　　　　　　　2 连动句 (一)
　　　　　　　　3 定语 (二)

第三课　　语法　　他学了一年汉语了 ………………………………………… 28
　　　　　　　　1 助词"了"(四) 表示动作已经完成了一定数量、进行了一段时间
　　　　　　　　2 时量补语　表示动作进行了多长时间
　　　　　　　　3 概数的表达方法(一) 数词+多

第四课　　语法　　火车就要开了 ………………………………………… 42
　　　　　　　　1 助词"了"(五)"要……了/快……了"表示事情即将发生
　　　　　　　　2 助词"了"小结
　　　　　　　　3 又……又……
　　　　　　　　4 介词"给"

第五课　　语法　　你去过长城吗? ………………………………………… 55
　　　　　　　　1 助词"过"
　　　　　　　　2 动量补语
　　　　　　　　3 连动句 (二)
　　　　　　　　4 "如果……,就……"

第六课　　语法　　他们是夏天来的 ………………………………………… 70
　　　　　　　　1 "是……的"句(一)
　　　　　　　　2 定语(三)复杂成分作定语
　　　　　　　　3 概数的表达法(二)相邻的两个数字表示概数

第七课　　语法　　我们是坐飞机去的 ……………………………………… 83
　　　　　　　　1 "是……的"句(二)
　　　　　　　　2 "……的时候"

第八课	语法	他唱得很认真 ··· 95
		1 "在"、"正在"、"在(正在)……呢"
		2 程度补语(一) 形容词+极了
		3 程度补语(二) 动词+得
		4 "离"表示距离

第九课	语法	你比我高 ··· 110
		1 比较句(一)"A比B+形容词"
		2 副词"才"

第十课	语法	一样不一样? ··· 123
		1 比较句(二)"A比B+形+……"
		2 比较句(三)"A跟(和)B一样"
		3 副词"就"(一)

第十一课	语法	我要进去,他要出来 ··· 137
		1 简单趋向补语
		2 副词"就"(二)
		3 "就"(二)与"才"

第十二课	语法	你怎么还在床上躺着? ····································· 150
		1 助词"着"
		2 状语(一)"地"

第十三课	语法	你说对了 ··· 163
		1 结果补语
		2 "一边……一边……"
		3 "越来越……"

第十四课	语法	行李准备好了吗? ··· 178
		1 表达动作情况所处阶段的形式
		2 补语形式

附录一　听力文本 ·· 188
附录二　总词汇表 ·· 194

Contents

Lesson 1		**We went to a pet hospital**	1
	Grammar	1 The particle "了" (2) indicating that something happened (or has happened) or something has been done	
		2 Reduplication of verbs (1)	

Lesson 2		**She saw a film**	14
	Grammar	1 The particle "了" (3) indicating that an action was completed	
		2 Sentences with verbal phrases in series (1)	
		3 Attributive (2)	

Lesson 3		**He has studied Chinese for one year**	28
	Grammar	1 The particle "了" (4) indicating that an action has been completed to some extent or has been going on for some time	
		2 Complements of duration indicating how long an action has proceeded	
		3 Expressions of approximate numbers (1) Numeral+多	

Lesson 4		**The train is leaving soon**	42
	Grammar	1 The particle "了"(5) "要……了/快……了" indicates that something is going to happen soon	
		2 A brief summary of particle "了"	
		3 "又……又……"	
		4 The preposition "给"	

Lesson 5		**Have you been to the Great Wall?**	55
	Grammar	1 The particle "过"	
		2 Complements of frequency	
		3 Sentences with verbal phrases in series (2)	
		4 "如果……,就……"	

Lesson 6		**They came here in the summer**	70
	Grammar	1 Sentences with (1)"是……的"	
		2 Attributives (3) Complicated structures as attributives	
		3 Expressions of approximate numbers (2) Two consecutive numbers indicate approximation	

Lesson 7		**We went there by plane** ·················	**83**
	Grammar	1 Sentences with "是……的"(2)	
		2 "……的时候"	

Lesson 8		**He sings seriously** ·················	**95**
	Grammar	1 "在"、"正在"、"在(正在)……呢"	
		2 Complements of degree (1) Adj+极了	
		3 Complements of degree (2) V+得	
		4 "离" indicating distance	

Lesson 9		**You are taller than me** ·················	**110**
	Grammar	1 Comparative sentences (1) "A 比 B+Adj"	
		2 The adverb "才"	

Lesson 10		**Are they the same or not?** ·················	**123**
	Grammar	1 Comparative sentences (2) A 比 B +Adj+……	
		2 Comparative sentences (3) A is the same as B	
		3 The Adverb "就"(1)	

Lesson 11		**When I was going in, he was coming out** ·················	**137**
	Grammar	1 Simple complements of direction	
		2 The adverb "就"(2)	
		3 "就"(2) and "才"	

Lesson 12		**Why are you still lying in bed?** ·················	**150**
	Grammar	1 The particle "着"	
		2 Adverbial (1) "地"	

Lesson 13		**You said it correctly** ·················	**163**
	Grammar	1 Complements of result	
		2 "一边……一边……"	
		3 "越来越……"	

Lesson 14		**Have you done the packing?** ·················	**178**
	Grammar	1 The structures indicating different aspects of an action	
		2 The structures of complements	

Appendix 1	Listening Script ·················		188
Appendix 2	Index of Vocabulary ·················		194

1 我们去动物医院了
Wǒmen qù dòngwù yīyuàn le
We went to a pet hospital

课文 Text

(一)

小文：卡拉①今天不高兴,它怎么了②?
Xiǎowén Kǎlā jīntiān bù gāoxìng, tā zěnme le?

大阳：卡拉病了,不吃东西。
Dàyáng Kǎlā bìng le, bù chī dōngxi.

小文：看医生了吗?
Xiǎowén Kàn yīshēng le ma?

大阳：看了。我们昨天去动物医院了。
Dàyáng Kàn le. Wǒmen zuótiān qù dòngwù yīyuàn le.

小文：医生说什么?得③吃药吗?
Xiǎowén Yīshēng shuō shénme? Děi chī yào ma?

大阳：医生说不用吃药。
Dàyáng Yīshēng shuō búyòng chī yào.

小文：我看④它太胖了,得运动。
Xiǎowén Wǒ kàn tā tài pàng le, děi yùndòng.

大阳：做什么运动呢?
Dàyáng Zuò shénme yùndòng ne?

小文：让我想想。每天让它跑一跑,怎么样?
Xiǎowén Ràng wǒ xiǎngxiang. Měi tiān ràng tā pǎo yi pǎo, zěnmeyàng?

大阳：这个建议不错,我试一试。
Dàyáng Zhège jiànyì búcuò, wǒ shì yi shì.

小文：现在就去吧!
Xiǎowén Xiànzài jiù qù ba!

大阳： 现在我不想去。我很累，想休息休息。
Dàyáng　　Xiànzài wǒ bù xiǎng qù.　Wǒ hěn lèi, xiǎng xiūxi xiūxi.

（二）

医生说，卡拉太胖了，得运动。现在是春天，最近天
Yīshēng shuō, Kǎlā tài pàng le, děi yùndòng. Xiànzài shì chūntiān, zuìjìn tiān-
气很暖和。大阳想每天和卡拉去公园，让它跑一跑。
qì hěn nuǎnhuo. Dàyáng xiǎng měi tiān hé Kǎlā qù gōngyuán, ràng tā pǎo yi pǎo.
星期天早上，大阳没有在家睡觉，他和卡拉去公园了。
Xīngqītiān zǎoshang, Dàyáng méiyǒu zài jiā shuìjiào, tā hé Kǎlā qù gōngyuán le.

公园里有不少大狗和小狗，卡拉很高兴。突然下
Gōngyuán li yǒu bù shǎo dà gǒu hé xiǎo gǒu, Kǎlā hěn gāoxìng. Tūrán xià
雨了，还刮风了。雨很大，风也很大，很多人都走了。卡拉
yǔ le, hái guā fēng le. Yǔ hěn dà, fēng yě hěn dà, hěn duō rén dōu zǒu le. Kǎlā
跑了，大阳的手机不见了。卡拉和手机都丢了，大阳很
pǎo le, Dàyáng de shǒujī bú jiàn le. Kǎlā hé shǒujī dōu diū le, Dàyáng hěn
着急。有个人对他说："别着急。你看看那儿！"卡拉在
zháo jí. Yǒu ge rén duì tā shuō: " Bié zháojí. Nǐ kànkan nàr! " Kǎlā zài
一棵树下边，树旁边有一个手机。卡拉真聪明！谢天谢
yì kē shù xiàbian, shù pángbiān yǒu yí ge shǒujī. Kǎlā zhēn cōngming! Xiè tiān xiè
地，卡拉没有丢，手机也没有丢。大阳很高兴，他和卡拉
dì, Kǎlā méiyǒu diū, shǒujī yě méiyǒu diū. Dàyáng hěn gāoxìng, tā hé Kǎlā
一起回家了。
yìqǐ huí jiā le.

(1)
Xiaowen: Kala is not happy today. What is matter with it?
Dayang: Kala is sick and it has no appetite.
Xiaowen: Did you see a doctor?
Dayang: Yes, we did. We went to a pet hospital yesterday.
Xiaowen: What did the doctor say? Did it have to take medicine?
Dayang: The doctor said that it was unnecessary.
Xiaowen: In my opinion Kala is too fat and it must do some exercise.

Dayang: What exercise?
Xiaowen: Let me think for a moment. How about making it do some running every day?
Dayang: This is a good suggestion. I will have a try.
Xiaowen: Let's go now!
Dayang: I don't want to go now. I'm tired and want to take a rest.

(2)
　　The doctor said that Kala was too fat and it must do exercise. Now it is spring time and recently the weather is warm. Dayang wants to go to a park with Kala every day to make it do some running. It was Sunday morning and Dayang didn't sleep at home, he went to a park with Kala.

　　There were quite many big dogs and puppies, so that Kala was happy. Suddenly, there came rain and wind, heavy rain and strong wind. Many people left the park. Kala ran away and Dayang's mobile phone disappeared. He lost Kala and his mobile phone and he was very worried. One man said to him: "Don't worry. Have a look over there!" Kala was under a tree and beside the tree there was a mobile phone. How clever Kala is! Thank goodness! Dayang didn't lose Kala and neither his mobile phone. Dayang was happy and went home together with Kala.

新词语　New Words

1	动物	dòngwù	n.	animal
	动	dòng	v.	to move around
	物	wù	n.	objects, things
2	医院	yīyuàn	n.	hospital
	医	yī	v.	to give medical treatment
3	病	bìng	v./n.	to be sick; sickness
4	医生	yīshēng	n.	doctor
5	昨天	zuótiān	n.	yesterday
6	药	yào	n.	medicine
7	不用	búyòng	adv.	unnecessarily

	用	yòng	v.	to need, to use
8	运动	yùndòng	v./n.	to do physical exercise; physical exercise, sports
9	跑	pǎo	v.	to run, to run away
10	试	shì	v.	to try (to test it)
11	休息	xiūxi	v.	to rest
12	春天	chūntiān	n.	spring
	春	chūn	n.	spring
13	最近	zuìjìn	n.	recent (time)
	近	jìn	adj.	near, close
14	暖和	nuǎnhuo	adj.	warm
15	公园	gōngyuán	n.	park
	公	gōng	adj.	public
	园	yuán	n.	garden
16	突然	tūrán	adj.	suddenly
17	下(雨)	xià(yǔ)	v.	(of rain, snow) to fall, to (go or come) down
18	雨	yǔ	n.	rain
19	还	hái	adv.	additionally, still
20	刮(风)	guā(fēng)	v.	(of the wind) to blow
21	风	fēng	n.	wind
22	不见(了)	bújiàn(le)	v.	to have disappeared (when having "le" after the verb)
23	丢	diū	v.	to lose
24	着急	zháo jí	adj.	to worry
25	别	bié	adv.	Don't...
26	棵	kē	m.w.	measure word (tree)
27	树	shù	n.	tree

28	谢天 谢地	xiè tiān xiè dì		Thank goodness!
	天	tiān	*n.*	heaven, sky, day
	地	dì	*n.*	earth, land

注释 NOTES

① 卡拉：name of the dog

② (卡拉)怎么了？ What's wrong ? The expression "怎么了？" is used to to show concern to those who seem to be sick or have some problems.

③ "得 děi" means "have to" or "must". The negative form of this expression is "不用".

④ 我看……：In my opinion, ...

语法 Grammar

1. 助词"了"(二) 表示事情已经发生或者已经完成

The particle "了" (2) indicating that something happened (or has happened) or something has been done

助词"了"(一)位于句末表示新情况出现的用法详见第一册第十三课语法。

See Chapter 13 of Book 1 for Particle "了" (1), which is at the end of a sentence to indicate the occurrence of a new situation.

(1) 助词"了"位于句末,说明某一件事情已经发生或者已经完成,例如:"我们去医院了"表示"去医院"这件事情已经发生。

Particle "了" is placed at the end of a sentence to indicate that something happened (or has happened) or something has been done. e.g. We went to the hospital. (我们去医院了。) This sentence indicates that the event of "去医院" happened (or has happened).

(2) 否定形式是将"没有"放在动词之前,句末没有"了"。

The negative form of the mentioned sentences is made by placing "没(有)" before the verb and drop "了" at the end of sentence.

(3) 疑问句形式可在"了"后加"吗","了"不能省略。

The interrogative form is made by using "了" before "吗". "了" cannot be omitted.

(1)	你	看(一)看	吧！	Have a look!
	让我	想(一)想		Let me think for a moment.
	我	试(一)试。		I will have a try.
(2)	我想	休息休息。		I want to take a rest.
(3)	我	不	看。	I'll not have a look at it.
	我	没有	看。	I didn't have a look at it.

比较表示事情未发生和已发生的句子：

Compare the sentences indicating an incoming event with that of a happened event:

(1)	我下午去医院。	I'm going to the hospital this afternoon.
	我下午去医院了。	I went to the hospital this afternoon.
(2)	我下午不去医院。	I'm not going to the hospital this afternoon.
	我下午没(有)去医院。	I didn't go to the hospital this afternoon.
(3)	你下午去医院吗？	Are you going to the hospital this afternoon?
	你下午去医院了吗？	Did you go to the hospital this afternoon?

2. 动词重叠(一) Reduplication of verbs (1)

(1) 动词重叠表示动作短暂、随意，可用于提出请求、建议、打算或尝试。单音节动词的重叠形式是"A—A"，"一"可以省略，例如："看(一)看，想(一)想"。

Verbs can be reduplicated to indicate a short duration and casualness of an action. The structure is often used in making requests, suggestions and plans as well as expressing an attempt. Monosyllabic verbs are reduplicated as "A—A", in which "—" is often omitted. e.g. "看(一)看,想(一)想".

(2) 双音节动词的重叠形式是"ABAB"，例如："休息休息"。

Disyllabic verbs are reduplicated as "ABAB". e.g. "休息休息".

(3) 动词重叠形式一般不出现在动词的否定式中。

Reduplication of verbs usually does not occur in the negative forms of verbs.

(1)	他去医院	了	。	He went to the hospital. /He's gone to the hospital.
	他回家	了	。	He went to the hospital. /He's gone to the hospital.
	我们看医生	了	。	We saw a doctor.
(2)	他没有去医院。			He didn't go to the hospital.
(3)	他去医院	了	吗？	Did he go to the hospital?

练习 Exercises

1. 课文问答练习　Questions and answers on the text

（一）

（1）卡拉今天 为什么 不高兴？
　　Kǎlā jīntiān wèi shénme bù gāoxìng?

（2）他们 昨天 去动物 医院 了吗？
　　Tāmen zuótiān qù dòngwù yīyuàn le ma?

（3）他们 昨天 看 医生 了吗？
　　Tāmen zuótiān kàn yīshēng le ma?

（4）医生 说 什么？
　　Yīshēng shuō shénme?

（5）小文 的 建议是 什么？
　　Xiǎowén de jiànyì shì shénme?

（6）这个建议怎么样？
　　Zhège jiànyì zěnmeyàng?

（7）现在 大阳 想不想 去？
　　Xiànzài Dàyáng xiǎng bu xiǎng qù?

（8）大阳 为什么 不 想 去？
　　Dàyáng wèi shénme bù xiǎng qù?

（二）

（1）现在 是 春天 还是 冬天？
　　Xiànzài shì chūntiān háishì dōngtiān?

（2）最近天气怎么样？
　　Zuìjìn tiānqì zěnmeyàng?

（3）星期天 早上，大阳 和 卡拉 去哪儿了？
　　Xīngqītiān zǎoshang, Dàyáng hé Kǎlā qù nǎr le?

（4）卡拉为 什么 很 高兴？
　　Kǎlā wèi shénme hěn gāoxìng?

（5）为 什么很多 人 都 走 了？
　　Wèi shénme hěn duō rén dōu zǒu le?

（6）大阳 为什么 很着急？
　　Dàyáng wèi shénme hěn zháojí?

（7）那个人 对 大阳 说 什么？
　　Nà ge rén duì Dàyáng shuō shénme?

（8）卡拉在哪儿？
　　Kǎlā zài nǎr?

（9）大阳 的手机 在哪儿？
　　Dàyáng de shǒujī zài nǎr?

（10）卡拉 聪明 吗？
　　Kǎlā cōngming ma?

2. 根据英语完成下面的句子
Complete the sentences based on English

（1）他没有 去学校，_____。
　　Tā méiyǒu qù xuéxiào,　(He went to the hospital.)

（2）昨天 他有课，_____。
　　Zuótiān tā yǒu kè,　(He went to the university.)

（3）他很 累，_____。
　　Tā hěn lèi,　(He went back home.)

（4）下雨了，_____。
　　Xià yǔ le,　(Many people left.)

（5）卡拉不 高兴，_____。
　　Kǎlā bù gāoxìng,　(It ran away.)

3. 把下面的句子变成否定句
Change the following sentences into negative sentences

（1）卡拉 跑 了。_____。
　　Kǎlā pǎo le.

（2）大阳 的手机 丢了。_____。
　　Dàyáng de shǒujī diū le.

（3）妈妈 去医院了。_____。
　　Māma qù yīyuàn le.

（4）大阳 早上 去 公园 了。＿＿＿＿＿＿＿＿＿。
　　　Dàyáng zǎoshang qù gōngyuán le.

（5）他昨天 来学校 了。＿＿＿＿＿＿＿＿＿。
　　　Tā zuótiān lái xuéxiào le.

（6）他回家了。＿＿＿＿＿＿＿＿＿。
　　　Tā huí jiā le.

4. 根据所给的词，用动词重叠的形式完成下面的句子
Complete the sentences by using the reduplicated form of the given verbs

（1）这是你的地图吧，＿＿＿＿＿＿＿？(看 kàn)
　　　Zhè shì nǐ de dìtú ba,

（2）卡拉太胖了，＿＿＿＿＿＿＿。(跑 pǎo)
　　　Kǎlā tài pàng le,

（3）这个建议很好，＿＿＿＿＿＿＿。(试 shì)
　　　Zhège jiànyì hěn hǎo,

（4）这 音乐不错，＿＿＿＿＿＿＿。(听 tīng)
　　　Zhè yīnyuè búcuò,

（5）我 很 累，＿＿＿＿＿＿＿。(休息 xiūxi)
　　　Wǒ hěn lèi,

（5）他是我的朋友，＿＿＿＿＿＿＿。(介绍 jièshào)
　　　Tā shì wǒ de péngyou,

5. 用"得"或"不用"完成下面的句子
Complete the sentences by using "得" or "不用"

（1）卡拉没 病，（　　）吃药。
　　　Kǎlā méi bìng,　　　chī yào.

（2）卡拉太 胖了，（　　）运动。
　　　Kǎlā tài pàng le,　　　yùndòng.

（3）下雨了，大阳和卡拉（　　）回家了。
　　　Xià yǔ le, Dàyáng hé Kǎlā　　　huí jiā le.

(4) 妈妈 病了,(　　)去医院。
　　Māma bìng le, qù yīyuàn.

(5) 明天 没有 课,你(　　)来学校。
　　Míngtiān méiyǒu kè, nǐ lái xuéxiào.

6. 根据例句用"别……"进行劝阻
Persuade someone not to do something by using "别……" according to the example

> E.g. 小狗在这儿, (着急)→小狗在这儿, (你)别着急。

(1) 现在下雨了,　　　　(去公园)　　→
　　Xiànzài xià yǔ le, qù gōngyuán

(2) 爸爸不喜欢咖啡,　　(买咖啡)　　→
　　Bàba bù xǐhuan kāfēi, mǎi kāfēi

(3) 喝酒对身体不好,　　(喝酒)　　　→
　　Hē jiǔ duì shēntǐ bù hǎo, hē jiǔ

(4) 李老师病了,　　　　(去李老师家)→
　　Lǐ lǎoshī bìng le, qù Lǐ lǎoshī jiā

(5) 今天没有课,　　　　(去学校)　　→
　　Jīntiān méiyǒu kè, qù xuéxiào

(6) 他没有手机,　　　　(给他打电话)→
　　Tā méiyǒu shǒujī, gěi tā dǎ diànhuà

7. 根据实际情况完成下面的会话
Complete the following dialogues according to real situations

(1) A 现在 是 春天 吗?　　　B _____。
　　Xiànzài shì chūntiān ma?

(2) A 今天天气 暖和 吗?　　　B _____。
　　Jīntiān tiānqì nuǎnhuo ma?

(3) A 昨天你来学校了吗?　　　B _____。
　　Zuótiān nǐ lái xuéxiào le ma?

（4）A 昨天 你 上课 了 吗？　　　　B _____。
　　　Zuótiān nǐ shàngkè le ma?

（5）A 昨天 你 去 公园 了 吗？　　　B _____。
　　　Zuótiān nǐ qù gōngyuán le ma?

（6）A 朋友 很 着急，你 对 他 说 什么？
　　　Péngyou hěn zháojí, nǐ duì tā shuō shénme?
　　　　　　　　　　　　　　　　　　　B _____。

（7）A 小 狗 太 胖 了，你 有 什么 建议？B _____。
　　　Xiǎogǒu tài pàng le, nǐ yǒu shénme jiànyì?

（8）A 朋友 很 累，你 有 什么 建议？
　　　Péngyou hěn lèi, nǐ yǒu shénme jiànyì?
　　　　　　　　　　　　　　　　　　　B _____。

（9）A 孩子 病 了，要 吃药 吗？　　　B _____。
　　　Háizi bìng le, yào chī yào ma?

（10）A 星期天 没有 课，我们 要 去 学校 吗？
　　　Xīngqītiān méiyou kè, wǒmen yào qù xuéxiào ma?
　　　　　　　　　　　　　　　　　　　B _____。

8. 用所给的汉字填空　Fill in the blanks with the given words

（A）	医	动	生	一	春	了	和	病	跑	用
	yī	dòng	shēng	yī	chūn	le	huo	bìng	pǎo	yòng

大阳昨天去1_____院了。他的卡拉2_____了，不吃东西。医3_____说，卡拉不4_____吃药，但是它得运5_____，可以每天去6_____一跑。现在是7_____天，今天很暖8_____，大阳和卡拉9_____起去公园10_____。

（B）

公	树	了	休	和	别	雨	回	急	看
gōng	shù	le	xiū	hé	bié	yǔ	huí	jí	kàn

星期天，大阳 1_____ 他的小狗去 2_____ 园运动。忽然，下 3_____ 了。小狗不见 4_____。大阳很着 5_____。有个人对他说："6_____ 着急，你看一 7_____ 那儿。"小狗在一棵 8_____ 下边，它想 9_____ 息休息，不想和大阳 10_____ 家。

9. 课堂活动　Classroom activities

Tell a story with the following pictures.

10. 听力练习　Listening comprehension

(1) A 病了　　　　　　B 没有病
　　　bìng le　　　　　　méiyǒu bìng

(2) A 去公园　　　　　　B 休息休息
　　　qù gōngyuán　　　　xiūxi xiūxi

(3) A 丢了　　　　　　　B 没有丢
　　　diū le　　　　　　　méiyǒu diū

(4) A 得 运动　　　　　B 得吃药
　　　děi yùndòng　　　　děi chī yào

(5) A 回家了　　　　　　B 回学校了
　　　huí jiā le　　　　　huí xuéxiào le

11. 用所给的词把下面的句子翻译成汉语
Translate the following sentences into Chinese by using the given words

（1）I want to take a rest.　　　　　　　　　休息（休息）
（2）My mobile phone disappeared.　　　　　不见（了）
（3）You must do some exercise.　　　　　　得
（4）You don't need to take medicine.　　　　不用
（5）I want to have a try.　　　　　　　　　　试（一试）

12. 写作练习（100个汉字左右）　Writing exercise

题目：大阳的狗
Topic：Dayang's Dog

语音练习　Pronunciation drills

朗读下面的词语　Read aloud the following words

1	2	3	4	5	6
医院 yīyuàn	上课 shàng kè	公园 gōngyuán	今天 jīntiān	春天 chūntiān	东西 dōngxi
医生 yīshēng	下课 xià kè	花园 huāyuán	昨天 zuótiān	冬天 dōngtiān	东边 dōngbian
医学 yīxué	有课 yǒu kè	茶园 cháyuán	前天 qiántiān	每天 měi tiān	东面 dōngmiàn

2 她看了一个电影
Tā kàn le yí ge diànyǐng
She saw a film

课文 Text

(一)

大阳：周末你干什么了？
Dàyáng　Zhōumò nǐ gàn shénme le?

小文：我和朋友去商店买东西了。
Xiǎowén　Wǒ hé péngyou qù shāngdiàn mǎi dōngxi le.

大阳：买什么了？
Dàyáng　Mǎi shénme le?

小文：买了一件衬衫、一条裤子和两条裙子。
Xiǎowén　Mǎi le yí jiàn chènshān, yì tiáo kùzi hé liǎng tiáo qúnzi.

大阳：你买了那么多衣服！
Dàyáng　Nǐ mǎi le nàme duō yīfu!

小文：还买了一双鞋、两双袜子、一个书包和一点儿吃的。
Xiǎowén　Hái mǎi le yì shuāng xié, liǎng shuāng wàzi, yí ge shūbāo hé yìdiǎnr chī de.

大阳：为什么买那么多东西？
Dàyáng　Wèi shénme mǎi nàme duō dōngxi?

小文：因为东西不贵，都很便宜，所以买了很多。
Xiǎowén　Yīnwèi dōngxi bú guì, dōu hěn piányi, suǒyǐ mǎi le hěn duō.

大阳：我以前常常周末去商店，现在我不去了。
Dàyáng　Wǒ yǐqián chángcháng zhōumò qù shāngdiàn, xiànzài wǒ bú qù le.

小文：上个周末你干什么了？
Xiǎowén　Shàng ge zhōumò nǐ gàn shénme le?

真便宜！

大阳：　我和大卫一起去酒吧了。
Dàyáng　Wǒ hé Dàwèi yìqǐ qù jiǔbā le.

小文：　你们喝了不少酒吧？
Xiǎowén　Nǐmen hē le bùshǎo jiǔ ba?

大阳：　大卫喝了两瓶啤酒，我没有喝。
Dàyáng　Dàwèi hē le liǎng píng píjiǔ, wǒ méiyǒu hē.

小文：　你为什么没喝？
Xiǎowén　Nǐ wèi shénme méi hē?

大阳：　我只喝青岛啤酒，可是那儿没有。
Dàyáng　Wǒ zhǐ hē Qīngdǎo Píjiǔ, kěshì nàr méiyǒu.

（二）

让我们看看，周末他们干什么了。
Ràng wǒmen kànkan, zhōumò tāmen gàn shénme le.

周末小文买了很多东西。大阳没有去商店，他周六[①]
Zhōumò Xiǎowén mǎi le hěn duō dōngxi. Dàyáng méiyǒu qù shāngdiàn, tā zhōuliù
晚上和大卫去酒吧了。大阳没有喝酒，大卫喝了两瓶啤
wǎnshang hé Dàwèi qù jiǔbā le. Dàyáng méiyǒu hē jiǔ, Dàwèi hē le liǎng píng pí-
酒。
jiǔ.

星期六晚上，李老师去电影院看了一个中国电影，
Xīngqīliù wǎnshang, Lǐ lǎoshī qù diànyǐngyuàn kàn le yí ge Zhōngguó diànyǐng,
是一个老电影，很好看。李老师的儿子去快餐店了。他
shì yí ge lǎo diànyǐng, hěn hǎokàn. Lǐ lǎoshī de érzi qù kuàicāndiàn le. Tā
吃了两个汉堡包，还喝了两瓶可乐。他非常高兴，因为
chī le liǎng ge hànbǎobāo, hái hē le liǎng píng kělè. Tā fēicháng gāoxìng, yīnwèi
他在那儿认识了一个可爱的女孩儿。
tā zài nàr rènshi le yí ge kě'ài de nǚhái r.

星期天王太太没有去买东西,也没有去看电
Xīngqītiān Wáng tàitai méiyǒu qù mǎi dōngxi, yě méiyǒu qù kàn diàn-
影。她上午打扫了孩子们的房间,下午在家休息。
yǐng. Tā shàngwǔ dǎsǎo le háizi men de fángjiān, xiàwǔ zài jiā xiūxi.
王 先生也在家,可是他没有休息,他得工作。他说,在
Wáng xiānsheng yě zài jiā, kěshì tā méiyǒu xiūxi, tā děi gōngzuò. Tā shuō, zài
他的日历上,没有星期天,只有星期七。
tā de rìlì shang, méiyǒu xīngqītiān, zhǐ yǒu xīngqī qī.

(1)

Dayang: What did you do over the weekend?
Xiaowen: I went shopping with my friends.
Dayang: What did you buy?
Xiaowen: I bought a shirt, a pair of trousers and two skirts.
Dayang: You bought so many clothes!
Xiaowen: I also bought a pair of shoes, two pairs of socks, one schoolbag and some food.
Dayang: You bought so many things!
Xiaowen: Because things were not expensive, very cheap, so that I bought many.
Dayang: I used to go shopping over the weekend, but now I don't.
Xiaowen: What did you do over the weekend then?
Dayang: I went to the bar with David.
Xiaowen: You drank a lot, didn't you?
Dayang: David had two bottles of beer but I didn't.
Xiaowen: Why not?
Dayang: I only drink Qingdao Beer and there wasn't any.

(2)

Let't see what they did at the weekend.

Xiaowen bought many things over the weekend. Dayang didn't go shopping. He went to the bar with David on Saturday evening. David had two bottles of beer but he didn't.

On Saturday evening Teacher Li went to a cinema and saw a Chinese film, an old one, a very good film. Her son went to a fast food restaurant.

He had two hamburgers and two bottles of Coca-cola. He was extremely happy because he got to know a lovely girl there.

On Sunday morning Mrs. Wang didn't go shopping and she didn't go to see any films either. She cleaned her kids' rooms and in the afternoon she stayed at home for a rest. Mr. Wang was at home, too. But he didn't take a rest and he had to work. He said that in his calendar there is no Sunday but only the seventh day of the week.

新词语 New Words

1	电影	diànyǐng	n.	film
2	周末	zhōumò	n.	weekend
	周	zhōu	n.	week
	末	mò	n.	end
3	干	gàn	v.	to do
4	件	jiàn	m.w.	measure word (shirt, coat)
5	衬衫	chènshān	n.	shirt
6	裤子	kùzi	n.	trousers
7	裙子	qúnzi	n.	skirt
8	那么(多)	nàme (duō)	pron.	so (many)
9	衣服	yīfu	n.	clothes
10	双	shuāng	m.w.	measure word (shoe, sock...)
11	鞋	xié	n.	shoe
12	袜子	wàzi	n.	sock
13	书包	shūbāo	n.	schoolbag
	包	bāo	n.	bag
14	一点儿	yìdiǎnr	n.m.	a little
15	贵	guì	adj.	expensive
16	便宜	piányi	adj.	cheap

17	所以	suǒyǐ	conj.	therefore
18	以前	yǐqián	n.	before, ago
19	上	shàng	n.	previous(time)
20	瓶	píng	m.w./n.	measure word; bottle
21	只	zhǐ	adv.	only
22	电影院	diànyǐngyuàn	n.	cinema
23	好看	hǎokàn	adj.	(of film, book) good, (of people) goodlooking
24	快餐	kuàicān	n.	fast food
	快	kuài	adj.	fast
	餐	cān	n.	food, meal
25	汉堡包	hànbǎobāo	n.	hamburger
26	可乐	kělè	n.	Coca-Cola, coke
27	打扫	dǎsǎo	v.	to clean (room)
28	日历	rìlì	n.	calendar

注释 NOTES

① 周六: Saturday

语法 Grammar

1. 助词"了"(三) 表示动作的完成

The particle "了" (3) indicating that an action was completed

(1) "了"位于动词之后表示动作的完成。"动词+了"之后有宾语,宾语之前通常有数量词、形容词等修饰成分。

Particle "了" is placed after a verb to indicate the completion of an action. When "V+了" takes an object, the object is usually modified by numeral-measure words, adjectives or other modifiers.

(2) 否定式是将"没有"放在动词前,动词后不用"了",动词的宾语之前一般没有数量词。

The negative form is made by placing "没有" before the verb and "了" is dropped.

Usually no numeral-measure words or other modifiers are needed before the object.

(3) 用"吗"的疑问句中"了"常位于宾语之后。宾语之前一般不需用数量词等修饰成分。
In a question with "吗", "了" is often placed after the object and usually numeral-measure words or other modifiers are omitted.

(1)	他昨天		看	了	一个	电影。	He saw a film yesterday.
	他昨天		喝	了	很多	咖啡。	He drank a lot of coffee yesterday.
(2)	他昨天	没有	看			电影。	He didn't see any films yesterday.
(3)	他昨天		看			电影了吗?	Did he see any films yesterday?

⚠️ 注意 Attention!

(1) "动词+了"并不完全对应英语中动词的过去时,它也可以指将来要完成的动作。例如:我明天买了(将来完成的动作)书再去学校。
"V+了" doesn't correspond equally to the past tense of verbs in English. "V+了" also indicates a completed action in the future. e.g. 我明天买了(the completed action in the future)书再去学校。

(2) 下列表示动作完成的情况不需要"了":
To indicate the completion of an action, "了" is not needed in the following cases:

① 表示过去的持续状态或动作,且句子中没有表示时段的词语。
The action was in a continuous situation and there are no words indicating duration in the sentence.

② 表示过去经常发生的动作。
The action was occurred frequently.

③ 表示过去的心理活动。
Mental activities (in the past), such as "喜欢、想……".

④ "是、有、在"表示过去的存现。
"有、是、在" indicate past existence.

(1)	他昨天	在家休息。			He took a rest at home yesterday.
(2)	他以前	常常看	/	老电影。	He used to watch old films quite often.
(3)	他以前	喜欢	/	老电影。	He liked old films before.
	他昨天	想	/	去学校。	He wanted to go to school.
(4)	他以前	是	/	老师。	He was a teacher before.
	他以前	有	/	很多朋友。	He had a lot of friends before.
	他昨天	在	/	家。	He was at home yesterday.

2. 连动句 (一) Sentences with verbal phrases in series (1)

谓语用两个或两个以上动词构成,共用一个主语,后一个动词表示的动作是前一个动词表示的动作的目的时,第一个动词常是"来"或"去"。

Two or more verbs or verbal phrases can be in series in the predicate of a sentence to explain the same subject. When the second verb indicates the purpose of the actions denoted by the first verb, the first verb is often "来"or "去".

(1) 他	去₁	买₂	东西。
(2) 朋友	来₁	看₂	她。

⚠ 注意 Attention!

在前后动词为目的关系的连动句中,表示动作完成的"了"放在连动结构中第二个动词之后。

In a sentence with verbal phrases in series, to indicate the completion of an action, "了"is placed after the second verb.

3. 定语 (二)　Attributive (2)

名词前表示领属、性质、数量等的成分叫定语。(表示领属关系的定语(一)见第一册第四课)

Attributives are words placed before nouns to indicate possession and nature as well as quantity (See Chapter 4 of Book 1 for Attributive (1))

(1) 单音节形容词作定语时一般不需用"的"字。如果单音节形容词作定语时前面有表示程度的副词时则需要用"的"字。

Monosyllabic adjectives as attributives usually do not need "的". But if there is a degree adverb precedes the monosyllabic adjective, "的" is required.

(2) 双音节或多音节形容词作定语时一般需用"的"字。

"的" is needed after disyllabic or multisyllabic adjectives to form attributives.

(1)	老	(的)	电影
	很老	的	电影
(2)	漂亮	的	裙子
	有意思	的	书

➔ 练习　Exercises

1. 课文问答练习　Questions and answers on the text

(一)

(1) 小文　周末　干　什么　了？
　　Xiǎowén zhōumò gàn shénme le?

(2) 她买了几件衬衫?
　　Tā mǎi le jǐ jiàn chènshān?

(3) 她买了几条裤子? 几条裙子?
　　Tā mǎi le jǐ tiáo kùzi? Jǐ tiáo qúnzi?

(4) 她买了几双袜子? 几双鞋?
　　Tā mǎi le jǐ shuāng wàzi? Jǐ shuāng xié?

(5) 她为什么买那么多东西?
　　Tā wèi shénme mǎi nàme duō dōngxi?

(6) 大阳和大卫周末去哪儿了?
　　Dàyáng hé Dàwèi zhōumò qù nǎr le?

(7) 大卫喝了几瓶啤酒?
　　Dàwèi hē le jǐ píng píjiǔ?

(8) 大阳喝酒了吗?
　　Dàyáng hē jiǔ le ma?

(9) 他为什么没喝?
　　Tā wèi shénme méi hē?

(二)

(1) 李老师星期六晚上干什么了?
　　Lǐ lǎoshī xīngqīliù wǎnshang gàn shénme le?

(2) 李老师的儿子去哪儿了?
　　Lǐ lǎoshī de érzi qù nǎr le?

(3) 他吃了几个汉堡包? 喝了几瓶可乐?
　　Tā chī le jǐ ge hànbǎobāo? Hē le jǐ píng kělè?

(4) 他为什么非常高兴?
　　Tā wèi shénme fēicháng gāoxìng?

(5) 王太太星期天去买东西了吗?
　　Wáng tàitai xīngqītiān qù mǎi dōngxi le ma?

(6) 王太太星期天去看电影了吗?
　　Wáng tàitai xīngqītiān qù kàn diànyǐng le ma?

(7) 王太太星期天上午干什么了?
　　Wáng tàitai xīngqītiān shàngwǔ gàn shénme le?

（8）王 太太 星期天 下午 干 什么 了?
　　　Wáng tàitai xīngqītiān xiàwǔ gàn shénme le?

（9）王 先生 星期天 在家吗?
　　　Wáng xiānsheng xīngqītiān zài jiā ma?

（10）王 先生 星期天 为什么 没 休息?
　　　Wáng xiānsheng xīngqītiān wèi shénme méi xiūxi?

2. 根据英语完成下面的句子
Complete the sentences based on English

（1）今天 早上 ＿＿＿＿＿＿＿＿＿＿。
　　　Jīntiān zǎoshang （He had four cups of coffee.）

（2）昨天 ＿＿＿＿＿＿＿＿＿＿。
　　　Zuótiān （He bought many things.）

（3）昨天 晚上 ＿＿＿＿＿＿＿＿＿＿。
　　　Zuótiān wǎnshang （He read a book.）

（4）在酒吧 ＿＿＿＿＿＿＿＿＿＿。
　　　Zài jiǔbā （He drank a bottle of beer.）

（5）昨天 ＿＿＿＿＿＿＿＿＿＿。
　　　Zuótiān （He cleaned his room.）

（6）今天 早上 ＿＿＿＿＿＿＿＿＿＿。
　　　Jīntiān zǎoshang （He saw a film.）

（7）昨天 ＿＿＿＿＿＿＿＿＿＿。
　　　Zuótiān （He wrote many Chinese characters.）

（8）昨天 ＿＿＿＿＿＿＿＿＿＿。
　　　Zuótiān （He made three telephone calls.）

（9）昨天 ＿＿＿＿＿＿＿＿＿＿。
　　　Zuótiān （He was at home.）

（10）以前, ＿＿＿＿＿＿＿＿＿＿。
　　　Yǐqián, （He had many friends.）

（11）他昨天 很累, ＿＿＿＿＿＿＿＿＿＿。
　　　Tā zuótiān hěn lèi, （He took a rest at home.）

3. 把下面的句子变成否定句
Change the following sentences into negative sentences

(1) 马可 昨天 买了 两本 书。　　_____。
　　Mǎkě zuótiān mǎi le liǎng běn shū.

(2) 马可 昨天 来 上课 了。　　_____。
　　Mǎkě zuótiān lái shàng kè le.

(3) 马可 昨天 去看 了一个 电影。　　_____。
　　Mǎkě zuótiān qù kàn le yí ge diànyǐng.

(4) 马可 昨天 喝了 一瓶 啤酒。　　_____。
　　Mǎkě zuótiān hē le yì píng píjiǔ.

(5) 马可 昨天 吃了 很多 汉堡包。　　_____。
　　Mǎkě zuótiān chī le hěn duō hànbǎobāo.

4. 根据课文用"因为……，所以……"回答下面的问题
Answer the following questions by using "因为……所以……" according to the text

(1) 小文 为什么 买了那么多 东西？
　　Xiǎowén wèi shénme mǎi le nàme duō dōngxi?

(2) 大阳 为 什么 没 喝啤酒？
　　Dàyáng wèi shénme méi hē píjiǔ?

(3) 李老师的儿子为 什么 非常 高兴？
　　Lǐ lǎoshī de érzi wèi shénme fēicháng gāoxìng?

(4) 王 先生 为 什么 星期天 没有 休息？
　　Wáng xiānsheng wèi shénme xīngqītiān méiyǒu xiūxi?

5. 用数量词填空　Fill in the blanks with numeral-measure words

个	件	条	只	双	本	瓶	杯	张	支
gè	jiàn	tiáo	zhī	shuāng	běn	píng	bēi	zhāng	zhī

 (1) _____袜子　 (2) _____鞋　 (3) _____裤子　 (4) _____衬衫

 (5) _____裙子　 (6) _____书包　 (7) _____鸟　 (8) _____猫

 (9) _____狗　 (10) _____笔　 (11) _____手机　 (12) _____苹果

 (13) _____书　 (14) _____啤酒　 (15) _____茶　 (16) _____地图

6. 用所给的词形容上面的图片。如需要，请用"的"
Use the given words to describe the above pictures. Use "的" wherever necessary

漂亮	聪明	快乐	可爱	便宜	有意思
piàoliang	cōngming	kuàilè	kě'ài	piányi	yǒu yìsi
小	大	好	胖	贵	老
xiǎo	dà	hǎo	pàng	guì	lǎo

7. 用所给的汉字填空　Fill in the blanks with the given words

(A)	为	了	便	喝	所	起	了	和	了	了
	wèi	le	pián	hē	suǒ	qǐ	le	hé	le	le

小文买1_____很多东西。因2_____那天是周六，3_____以，东西很4_____宜。大阳去酒吧5_____，可是他没有6_____酒，大卫喝7_____两瓶啤酒。李老师8_____她的朋友一9_____去电影院10_____。

(B)	工	了	子	没	了	休	好	几	也	在
	gōng	le	zi	méi	le	xiū	hǎo	jǐ	yě	zài

李老师看1_____一个老电影，很2_____看。李老师的儿3_____和朋友去酒吧4_____。他和朋友喝了5_____瓶啤酒。王太太6_____有去看电影，7_____没有去酒吧。她在家8_____息。王先生也9_____家，可是他得10_____作。

8. 课堂活动　Classroom activities

With the help of the following pictures talk about what the people did over the weekend.

9. 听力练习　Listening comprehension

(1) A 看 朋友 了　　　B 看 电影 了
　　　kàn péngyou le　　　　kàn diànyǐng le

(2) A 在家　　　　　　B 在酒吧
　　　zài jiā　　　　　　　zài jiǔbā

（3）A 吃的东西　　　　B 喝的东西
　　　chī de dōngxi　　　　　hē de dōngxi

（4）A 很多酒　　　　　B 一点儿酒
　　　hěn duō jiǔ　　　　　yìdiǎnr jiǔ

（5）A 因为是周末　　　B 因为便宜
　　　yīnwèi shì zhōumò　　yīnwèi piányi

10. 用所给的词把下面的句子翻译成汉语
Translate the sentences into Chinese by using the given words

（1）He bought a book yesterday.　　　　　买
（2）The film is very good.　　　　　　　　好看
（3）He had a lot of friends before.　　　　以前
（4）Do you clean your room every day?　　打扫
（5）He only speaks Chinese.　　　　　　　只

11. 写作练习（100个汉字左右）　　Writing exercise

题目：王先生和王太太周末干什么了？
Topic: What did Mr. Wang and Mrs. Wang do over the weekend?

二 语音练习 Pronunciation drills

🎧 朗读下面的词语　Read aloud the following words

1	2	3	4	5	6
周末 zhōumò	昨天 zuótiān	啤酒 píjiǔ	一点儿 yìdiǎnr	那么 nàme	电影 diànyǐng
年末 niánmò	今天 jīntiān	白酒 báijiǔ	一下儿 yíxiàr	那个 nàge	电话 diànhuà
月末 yuèmò	明天 míngtiān	葡萄酒 pútaojiǔ	一会儿 yíhuìr	那些 nàxiē	电车 diànchē

3 他学了一年汉语了

Tā xué le yì nián Hànyǔ le

He has studied Chinese for one year

课文 Text

（一）

小文： 马可，你学了多长时间汉语了？
Xiǎowén Mǎkě, nǐ xué le duō cháng shíjiān Hànyǔ le?

马可： 我已经学了一年了。
Mǎkě Wǒ yǐjīng xué le yì nián le.

小文： 你学了几本书了？
Xiǎowén Nǐ xué le jǐ běn shū le?

马可： 我去年学了一本，今年学了一本，一共学了
Mǎkě Wǒ qùnián xué le yì běn, jīnnián xué le yì běn, yígòng xué le
两本了。
liǎng běn le.

小文： 从去年到现在，你学了多少个汉字了？
Xiǎowén Cóng qùnián dào xiànzài, nǐ xué le duōshao ge Hànzì le?

马可： 我一共学了200多个了。
Mǎkě Wǒ yígòng xué le èrbǎi duō gè le.

小文： 是吗？真不少！
Xiǎowén Shì ma? Zhēn bù shǎo!

马可： 不多，我们班的一个同学学了300多个了。
Mǎkě Bù duō, wǒmen bān de yí ge tóngxué xué le sānbǎi duō gè le.

小文： 这么多汉字，你们都会写吗？
Xiǎowén Zhème duō Hànzì, nǐmen dōu huì xiě ma?

马可： 当然会。我们对汉字特别感兴趣。
Mǎkě Dāngrán huì. Wǒmen duì Hànzì tèbié gǎn xìngqù.

小文： 那你写个"茶"字吧。
Xiǎowén Nà nǐ xiě ge "chá" zì ba.

马可: 没问题,这个字我写了很多遍了。
Mǎkě　　Méi wèntí, zhège zì wǒ xiě le hěnduō biàn le.

小文: 很好。再写个"酒"字吧。
Xiǎowén　Hěn hǎo. Zài xiě ge "jiǔ" zì ba.

马可: "酒"? 这个字我忘记了。
Mǎkě　　"Jiǔ"? Zhège zì wǒ wàngjì le.

小文: 你得努力啊!
Xiǎowén　Nǐ děi nǔlì a!

马可: 我很努力啊。我写汉字写了一个多小时了!
Mǎkě　　Wǒ hěn nǔlì a. Wǒ xiě Hànzì xiě le yí ge duō xiǎoshí le!

小文: 那我们先休息休息,过一会儿再写吧。
Xiǎowén　Nà wǒmen xiān xiūxi xiūxi, guò yíhuìr zài xiě ba.

(二)

马可是一个努力的学生。他学了一年汉语了,对汉字很感兴趣,喜欢写汉字作业。马可对词典也很感兴趣,特别喜欢买汉语词典。从上个学期到现在,他已经买了三本汉语词典了。
Mǎkě shì yí ge nǔlì de xuésheng. Tā xué le yì nián Hànyǔ le, duì Hànzì hěn gǎn xìngqù, xǐhuan xiě Hànzì zuòyè. Mǎkě duì cídiǎn yě hěn gǎn xìngqù, tèbié xǐhuan mǎi Hànyǔ cídiǎn. Cóng shàng ge xuéqī dào xiànzài, tā yǐjīng mǎi le sān běn Hànyǔ cídiǎn le.

小文对茶感兴趣,她常常去茶馆儿。她最喜欢这家"蓝山",这儿卖茶,也卖快餐。因为它在大学旁边,所以大学生们常来这儿喝茶、聊天儿,和朋友见面[①]。他们都特别喜欢这个地方。现在,小文和马可在茶馆儿等林达。他们已经等了她二十多分钟了。小文喝了两杯
Xiǎowén duì chá gǎn xìngqù, tā chángcháng qù cháguǎnr. Tā zuì xǐhuan zhè jiā "Lánshān", zhèr mài chá, yě mài kuàicān. Yīnwèi tā zài dàxué pángbiān, suǒyǐ dàxuéshēng men cháng lái zhèr hēchá, liáo tiānr, hé péngyou jiànmiàn. Tāmen dōu tèbié xǐhuan zhège dìfang. Xiànzài, Xiǎowén hé Mǎkě zài cháguǎnr děng Líndá. Tāmen yǐjīng děng le tā èrshí duō fēnzhōng le. Xiǎowén hē le liǎng bēi

LEARNING CHINESE OVERSEAS TEXTBOOK 2

茶了,马可喝了三杯茶了!可是,林达还没有来。
chá le, Mǎkě hē le sān bēi chá le! Kěshì, Líndá hái méiyǒu lái.

(1)

Xiaowen: Mark, how long have you been studying Chinese?
Mark: Already for a year.
Xiaowen: How many books have you studied?
Mark: I studied one book last year, one book this year. I've completed two now.
Xiaowen: How many Chinese characters have you learned since last year?
Mark: I've learnt altogether more than 200.
Xiaowen: Really, that is a lot.
Mark: Not really. A classmate of mine has learned more than 300.
Xiaowen: So many Chinese characters! Can you write all of them?
Mark Yes, of course. We are very interested in Chinese characters.
Xiaowen: Then write "tea".
Mark: No problem. I have practiced it many times.
Xiaowen: Very good. Write "wine".
Mark: "Wine"? I've forgotten this Chinese character.
Xiaowen: You must make effort!
Mark: I do. I have been writing Chinese characters for an hour now!
Xiaowen: All right, let's take a break first and then continue the writing.

(2)

Mark is a hard working student. He has been studying Chinese for a year. He is interested in Chinese characters and he enjoys doing homework of writing Chinese characters. Mark is interested in dictionaries as well. He likes buying Chinese dictionaries very much. Since last semester he has already bought three Chinese dictionaries.

Xiaowen is interested in tea and often goes to tea house. Her favorite is "Blue Mountain". Here they sell tea as well as snacks. Because it is next to the university, students often come here to drink tea, to meet and chat. They like the place very much. Now Xiaowen and Mark are in the tea house waiting for Linda. They have been waiting for her for more than twenty minutes. Xiaowen has had two cups of tea, Mark has already had three cups of tea! But Linda has not come yet.

他学了一年汉语了 He has studied Chinese for one year

新词语 New Words

1	长	cháng	*adj.*	long
2	时间	shíjiān	*n.*	time
3	已经	yǐjīng	*adv.*	already
4	去年	qùnián	*n.*	last year
5	一共	yígòng	*adv.*	altogether
6	班	bān	*n.*	class
7	同学	tóngxué	*n.*	classmate
	同	tóng	*adj.*	same
8	感兴趣	gǎn xìngqù	*v.p.*	to be interested
	兴趣	xìngqù	*n.*	interest
9	遍	biàn	*m.w.*	measure word (frequency)
10	再	zài	*adv.*	then, again
11	忘记	wàngjì	*v.*	to forget
12	努力	nǔlì	*v./adj.*	to make great efforts; hard working
13	小时	xiǎoshí	*n.*	hour
14	先	xiān	*adv.*	firstly
15	作业	zuòyè	*n.*	school assignment
16	特别	tèbié	*adv.*	very much
17	学期	xuéqī	*n.*	semester
	期	qī	*n.*	period
18	茶馆儿	cháguǎnr	*n.*	tea house
19	家	jiā	*m.w.*	measure word (tea house)
20	山	shān	*n.*	mountain
21	卖	mài	*v.*	to sell
22	见面	jiàn miàn	*v.p.*	to meet

	面	miàn	n.	face
23	地方	dìfang	n.	place
24	等	děng	v.	to wait
25	分钟	fēnzhōng	m.w.	minute(duration)

注释 NOTES

① The verb phrase "见面" cannot take objects. It is correct to say "我和他见面。" or "我见他。" It is wrong to say: "我见面他。"

语法 Grammar

1. 助词"了"（四）　表示动作已经完成了一定数量、进行了一段时间
Particle "了" (4)　indicating that an action has been completed to some extent or has been going on for some time

如果句子中有两个"了"，一个在动词后面，一个在句末，而且有表示时段、数量的词，则表示某个动作到目前已经进行了一段时间了，所涉及的事物达到了一定的数量，并可能继续下去。这样的句式是：V+了+时量/数量+了。

If a sentence has one "了" after the verb and another "了" at the end as well as having words of duration or numeral-measure words, it indicates that the action has been going on for some time or that the action has been completed to some extent in terms of quantities and may still continue. The structure is "V + 了 + duration or numeral-measure words + 了".

(1)	他	学	了	一年	汉语	了。	He has studied Chinese for one year.
(2)	他	喝	了	三杯	茶	了。	He has had three cups of tea.

比较下面的句子　Compare the following sentences

(1)	a.	他	学	了	一年	汉语	了。	he has studied Chinese for a year.(so far)
	b.	他	学	了	一年	汉语	。	He studied Chinese for a year.
(2)	a.	他	喝	了	三杯	茶	了。	He has had three cups of tea. (so far)
	b.	他	喝	了	三杯	茶。		He had three cups of tea.

（1）a. 动作到目前已经进行了一段时间，并可能继续下去。
　　　　The action has been continuing for some time and it may still continue.
　　b. 动作在过去持续了一段时间。
　　　　The action continued for some time.

(2) a. 动作的完成到目前已经达到了一定的数量,并可能继续下去。

The action has been completed to some extent in terms of quantity and it may still continue.

b. 动作的完成在过去达到了一定的数量。

The action was completed to certain extent in terms of quantity.

2. 时量补语　表示动作进行了多长时间
Complements of duration indicating how long an action has proceeded

补语位于形容词或动词(或其宾语)后,主要对形容词或动词的某个方面进行补充说明。

Complements are words placed after adjectives or verbs (or their objects) to further explain certain aspects of the verbs or adjectives.

时量补语是指在动词后,表示动作进行时间长度的词语,例如:"学了一年"。带时量补语的动词后有宾语,句子有如下形式:

Complements of duration are words placed after verbs to indicate how long the action has proceeded.e.g. "学了一年". When a verb, which is followed by complements of duration, takes an object, the sentence can take the following structures.

(1) 动词的宾语放在时量补语之后,如例句(1),可以表示为: V+数量词+(的)O。

The objects of verbs are placed after numeral measure words, e.g. (1). The structure is "V+ numeral measure words +(的)O".

(2) 重复句子的动词,并加数量词,如例句(2),可以表示为:V+O+V+数量词。

Verbs are repeated and followed by numeral measure words, e.g.(2).The structure is "V+O+V+numeral measure words".

(3) 如果动词后的宾语是人称代词,数量词常放在宾语后面,如例句(3)。

If the object is a personal pronoun, the numeral measure words are placed after the object. e.g.(3).

	Verb	Numeral-measure words	Object	Verb	Numeral-measure words
(1)	学了	一年	(的)汉语了。		
(2)	写		汉字	写了	一个小时了。
(3)	等(了)		她		二十分钟(了)。

⚠ 注意 Attention!

Wrong sentence: ×"我学了汉语一年了。"

3. 概数的表达方法(一) 数词+多
Expressions of approximate numbers (1) Numeral+多

(1) 整数(10、20……, 100、200……)后加"多"表示概数。如有量词,"多"位于数词与量词之间。

"多" is placed after round figures (10、20…, 100、200…) to indicate approximation. If there is a measure word, "多"is placed between the number and the measure word.

(2) 表示一到九的概数(常指时段),"多"位于量词之后。

"多" is placed after measure words to indicate approximation in the case of numbers from one to nine(usually referring to duration).

(1)	三十	多	本书
	二百	多	个汉字
(2)	九个	多	月
	一年	多	

练习 Exercises

1. 课文问答练习　Questions and answers on the text

(一)

(1) 马可学了多长时间汉语了?
　　Mǎkě xué le duō cháng shíjiān Hànyǔ le?

(2) 现在他学了几本书了?
　　Xiànzài tā xué le jǐ běn shū le?

(3) 从去年到现在,马可学了多少个汉字了?
　　Cóng qùnián dào xiànzài, Mǎkě xué le duōshao ge Hànzì le?

(4) 马可的同学学了多少个汉字了?
　　Mǎkě de tóngxué xué le duōshao ge Hànzì le?

(5) 同学们对汉字感兴趣吗?
　　Tóngxué men duì Hànzì gǎn xìngqù ma?

(6) "茶"字马可写了多少遍了?
　　"Chá" zì Mǎkě xiě le duōshao biàn le?

(7) 马可会写"酒"字吗?
　　 Mǎkě huì xiě "jiǔ" zì ma?

(8) 马可是一个努力的 学生 吗?
　　 Mǎkě shì yí ge nǔlì de xuésheng ma?

(9) 马可今天写了多长 时间 汉字了?
　　 Mǎkě jīntiān xiě le duō cháng shíjiān Hànzì le?

(10) 小文 的 建议是 什么?
　　 Xiǎowén de jiànyì shì shénme?

(二)
(1) 马可对 什么 感 兴趣?
　　 Mǎkě duì shénme gǎn xìngqù?

(2) 他已经买了几本汉语 词典 了?
　　 Tā yǐjīng mǎi le jǐ běn Hànyǔ cídiǎn le?

(3) 小文 对什么 感 兴趣?
　　 Xiǎowén duì shénme gǎn xìngqù?

(4) 小文 最 喜欢 哪个茶馆儿?
　　 Xiǎowén zuì xǐhuan nǎge cháguǎnr?

(5) 茶馆儿 在哪儿?
　　 Cháguǎnr zài nǎr?

(6) 大学生 们 常 在 茶馆儿 干什么?
　　 Dàxuésheng men cháng zài cháguǎnr gàn shénme?

(7) 小文 和马可在茶馆儿 等 谁?
　　 Xiǎowén hé Mǎkě zài cháguǎnr děng shuí?

(8) 他们 等了多长 时间了?
　　 Tāmen děng le duō cháng shíjiān le?

(9) 小文 喝了几杯茶了? 马可呢?
　　 Xiǎowén hē le jǐ bēi chá le? Mǎkě ne?

(10) 林达来了吗?
　　 Líndá lái le ma?

2. 根据例句完成下面的句子
Complete the following sentences according to the example

> E.g. 我不想喝咖啡了，我已经喝了三杯了。

（1）我不想 喝茶了， 我已经_____。
　　　Wǒ bù xiǎng hē chá le,

（2）我不想 喝啤酒了， 我已经_____。
　　　Wǒ bù xiǎng hē píjiǔ le,

（3）我不想 看书了， 我已经_____。
　　　Wǒ bù xiǎng kàn shū le,

（4）我对词典很感兴趣， 我已经_____。
　　　Wǒ duì cídiǎn hěn gǎn xìngqù,

（5）我喜欢买 衬衫， 我已经_____。
　　　Wǒ xǐhuan mǎi chènshān,

（6）我很 喜欢这个老电影， 我已经_____。
　　　Wǒ hěn xǐhuan zhège lǎo diànyǐng,

（7）我特别喜欢写这个汉字， 我已经_____。
　　　Wǒ tèbié xǐhuan xiě zhège Hànzì,

（8）我不想 等了， 我已经_____。
　　　Wǒ bù xiǎng děng le,

3. 把所给的词语放在句子中正确的地方
Put the given words in the right places

（1）他学 了 A 汉语 B 了。　　　　（三年）
　　　Tā xué le Hànyǔ le.

（2）他写了 A 汉字 B 了。　　　　（一个小时）
　　　Tā xiě le Hànzì le.

（3）他已经 A 说了 B 了。　　　　（二十分钟）
　　　Tā yǐjīng shuō le le.

（4）他 A 在 北京 住了 B 了。　　　（十年）
　　　Tā zài Běijīng zhù le le.

（5）他已经A病了B了。　　　　　　（一个星期）
　　　　Tā yǐjīng　bìng le　le.

（6）我等了A他B了。　　　　　　　（一天）
　　　　Tā děng le　tā　le.

4. 把"多"放在正确的地方　Put "多" in the right places

（1）他有十A个B朋友。
　　　　Tā yǒu shí　ge　péngyou.

（2）他有二十A件B衬衫。
　　　　Tā yǒu èrshí　jiàn　chènshān.

（3）他会写一百A个B汉字。
　　　　Tā huì xiě yìbǎi　ge　Hànzì.

（4）他看了三十A分钟B了。
　　　　Tā kàn le sānshí　fēnzhōng le.

（5）他学了一A年B汉语了。
　　　　Tā xué le yì　nián　Hànyǔ le.

（6）他学了六个A月B汉语了。
　　　　Tā xué le liù ge　yuè　Hànyǔ le.

（7）他等了二十A天B了。
　　　　Tā děng le èrshí　tiān　le.

（8）他等了两A个B小时了。
　　　　Tā děng le liǎng　ge　xiǎoshí le.

（9）他等了二十A分钟B了。
　　　　Tā děng le èrshí　fēnzhōng le.

（10）爷爷八十A岁B了。
　　　　Yéye bāshí　suì　le.

5. 用"从……到……"说出下面的时间
　　Use "从……到……" to tell the following time

（1）8:00 — 10:00
（2）February — June
（3）Monday — Friday

(4) morning — evening

(5) yesterday — today

(6) last year — this year

(7) last semester — this semester

(8) last week — this week

6. 用"先……,再……"说出做事的顺序
Use "先……, 再……" to tell the order of doing the following things

> E.g. 喝茶,吃面包 → 我先喝茶,再吃面包。

(1) 看 医生,吃药
　　kàn yīshēng, chī yào

(2) 去 公园, 学习 汉语
　　qù gōngyuán, xuéxí Hànyǔ

(3) 写汉字,喝咖啡
　　xiě Hànzì, hē kāfēi

(4) 去 运动, 吃 晚饭
　　qù yùndòng, chī wǎnfàn

(5) 吃沙拉,吃鱼
　　chī shālā, chī yú

(6) 做饭,吃饭
　　zuò fàn, chī fàn

7. 根据实际情况完成下面的会话
Complete the following sentences according to real situations

(1) A: 你学了多 长 时间 汉语了?　　　　　B:＿＿＿＿＿。
　　Nǐ xué le duō cháng shíjiān Hànyǔ le?

(2) A: 你学了 多少 个汉字了?　　　　　　B:＿＿＿＿＿。
　　Nǐ xué le duōshao ge Hànzì le?

(3) A: "学"字你写了多少 遍了?　　　　　B:＿＿＿＿＿。
　　"Xué" zì nǐ xiě le duōshao biàn le?

(4) A: 从 早上 到 现在,你喝了几杯咖啡了?　B:＿＿＿＿＿。
　　Cóng zǎoshang dào xiànzài, nǐ hē le jǐ bēi kāfēi le?

(5) A: 从 早上 到 现在,你喝了几杯茶了?　　B:＿＿＿＿＿。
　　　Cóng zǎoshang dào xiànzài, nǐ hē le jǐ bēi chá le?

(6) A: 从 昨天 到 现在,你打了几个电话 了?　　B:＿＿＿＿＿。
　　　Cóng zuótiān dào xiànzài, nǐ dǎ le jǐ ge diànhuà le?

(7) A: 你对音乐 感兴趣 吗?　　B:＿＿＿＿＿。
　　　Nǐ duì yīnyuè gǎn xìngqù ma?

(8) A: 你对 做饭感 兴趣 吗?　　B:＿＿＿＿＿。
　　　Nǐ duì zuò fàn gǎn xìngqù ma?

(9) A: 你 常常 去咖啡馆儿 吗?　　B:＿＿＿＿＿。
　　　Nǐ chángcháng qù kāfēiguǎnr ma?

(10) A: 你和 朋友 常 在哪儿见 面?　　B:＿＿＿＿＿。
　　　 Nǐ hé péngyou cháng zài nǎr jiànmiàn?

8. 用所给的汉字填空　Fill in the blanks with the given words

(A)	力	兴	了	汉	对	了	别	了	遍	了
	lì	xìng	le	hàn	duì	le	bié	le	biàn	le

马可已经学1＿＿＿一年多汉语2＿＿＿。他是一个努3＿＿＿的好学生。他4＿＿＿汉语词典感5＿＿＿趣。他已经买6＿＿＿三本汉语词典7＿＿＿。马可常常写8＿＿＿字。有的汉字特9＿＿＿难,他得写很多10＿＿＿。

(B)	因	面	天儿	旁	生	茶	没	了	喜	等
	yīn	miàn	tiānr	páng	shēng	chá	méi	le	xǐ	děng

小文常去"蓝山"1＿＿＿馆儿。大学生们都2＿＿＿欢那个地方。3＿＿＿为它在大学4＿＿＿边,所以学5＿＿＿们常来喝茶、聊6＿＿＿,和朋友见7＿＿＿。现在小文在那儿8＿＿＿林达,她已经喝9＿＿＿两杯茶了,可是林达还10＿＿＿来。

9. 课堂活动　Classroom activities

(1) Talk about Mark's studies of Chinese as well as your studies of Chinese.

(2) Talk about "Blue Mountain" (mentioned in the text) or about a café/bar you like.

10. 听力练习　Listening comprehension

(1) A 五个多月　　　　　B 六个多月
　　　wǔ ge duō yuè　　　　liù ge duō yuè

(2) A 15 个　　　　　　　B 5 个
　　　shíwǔ ge　　　　　　wǔ ge

(3) A 三遍了　　　　　　B 两遍了
　　　sān biàn le　　　　　liǎng biàn le

(4) A 先休息　　　　　　B 先写汉字
　　　xiān xiūxi　　　　　xiān xiě Hànzì

(5) A 学校　　　　　　　B 咖啡馆儿
　　　xuéxiào　　　　　　kāfēiguǎnr

11. 用所给的词语把下面的句子翻译成汉语
Translate the sentences into Chinese by using the given words

(1) He is interested in Chinese tea.　　　对……感兴趣
(2) He has more than twenty friends.　　　多
(3) He is a hard working student.　　　　努力
(4) They often meet in this tea house.　　　见面
(5) I forgot this Chinese character.　　　忘记

12. 写作练习(100个汉字左右)　Writing exercise

选择一个题目：　　(1) 我学了半年汉语了
Select one of the topics:　　I've studied Chinese for half a year now
　　　　　　　　　(2) 一个咖啡馆儿/茶馆儿/酒吧
　　　　　　　　　A café/A teahouse/ A bar

语音练习 *Pronunciation drills*

🎧 朗读下面的词语　**Read aloud the following words**

1	2	3	4	5	6
多长 duō cháng	学期 xuéqī	上课 shàng kè	汉语 Hànyǔ	旁边 pángbiān	咖啡馆儿 kāfēiguǎnr
多大 duō dà	星期 xīngqī	下课 xià kè	汉字 Hànzì	左边 zuǒbian	图书馆 túshūguǎn
多少 duōshao	日期 rìqī	课文 kèwén	汉族 Hànzú	右边 yòubian	茶馆儿 cháguǎnr

4 火车就要开了
Huǒchē jiù yào kāi le
The train is leaving soon

课文 Text

（一）

大阳： 火车要开了。小文还没来。
Dàyáng Huǒchē yào kāi le. Xiǎowén hái méi lái.

林达： 我告诉她了，六点半在这儿见面。
Líndá Wǒ gàosu tā le, liù diǎn bàn zài zhèr jiànmiàn.

大阳： 给她打一个电话吧。
Dàyáng Gěi tā dǎ yí ge diànhuà ba.

林达： 我已经给她打了一个电话了，她没接。
Líndá Wǒ yǐjīng gěi tā dǎ le yí ge diànhuà le, tā méi jiē.

大阳： 那给她发一个短信吧。
Dàyáng Nà gěi tā fā yí ge duǎnxìn ba.

林达： 我已经给她发了一个短信了，她也没回。
Líndá Wǒ yǐjīng gěi tā fā le yí ge duǎnxìn le, tā yě méi huí.

大阳： 快六点五十了。火车七点就要开了。
Dàyáng Kuài liù diǎn wǔshí le. Huǒchē qī diǎn jiù yào kāi le.

林达： 快要下雨了，我们上车吧。
Líndá Kuài yào xià yǔ le, wǒmen shàng chē ba.

大阳： 你看，她来了！
Dàyáng Nǐ kàn, tā lái le!

小文： 对不起，我来晚了。
Xiǎowén Duìbuqǐ, wǒ lái wǎn le.

火车就要开了 The train is leaving soon

大阳： 怎么了？
Dàyáng　　Zěnme le?

小文： 今天公共汽车来晚了。
Xiǎowén　　Jīntiān gōnggòng qìchē lái wǎn le.

林达： 你怎么①没回我的电话和短信？
Líndá　　Nǐ zěnme méi huí wǒ de diànhuà hé duǎnxìn?

小文： 对不起，我的手机没电了。
Xiǎowén　　Duìbuqǐ, wǒ de shǒujī méi diàn le.

大阳： 走吧。火车就要开了。
Dàyáng　　Zǒu ba. Huǒchē jiù yào kāi le.

（二）

林达、大阳和小文放假了，他们打算坐火车去旅行。
Líndá, Dàyáng hé Xiǎowén fàng jià le, tāmen dǎsuàn zuò huǒchē qù lǚxíng.

他们六点半在火车站见面。快六点五十了，林达和
Tāmen liù diǎn bàn zài huǒchēzhàn jiànmiàn. Kuài liù diǎn wǔshí le, Líndá hé

大阳已经等了半个小时了，可是小文还没有来。又过了
Dàyáng yǐjīng děng le bàn ge xiǎoshí le, kěshì Xiǎowén hái méiyǒu lái. Yòu guò le

一会儿，小文才来。她来晚了。
yíhuìr, Xiǎowén cái lái. Tā lái wǎn le.

他们上了火车，在火车上吃了晚饭。大阳觉得饭又
Tāmen shàng le huǒchē, zài huǒchē shang chī le wǎnfàn. Dàyáng juéde fàn yòu

便宜又好吃，但是小文觉得饭又贵又难吃②。不过，他们
piányi yòu hǎochī, dànshì Xiǎowén juéde fàn yòu guì yòu nánchī. Búguò, tāmen

都觉得坐火车旅行很舒服，又干净又安静。火车开了
dōu juéde zuò huǒchē lǚxíng hěn shūfu, yòu gānjìng yòu ānjìng. Huǒchē kāi le

十多个小时了。早上八点火车就要到了。突然，火车停
shí duō ge xiǎoshí le. Zǎoshang bā diǎn huǒchē jiù yào dào le. Tūrán, huǒchē tíng

了。火车前面有一只鹿，它又高又大。大家等了半个多
le. Huǒchē qiánmian yǒu yì zhī lù, tā yòu gāo yòu dà. Dàjiā děng le bàn ge duō

第四课 Lesson 4

小时。司机很着急,但是那只鹿一点儿也不^③着急。火车
xiǎoshí. Sījī hěn zháojí, dànshì nà zhī lù yìdiǎnr yě bù zháojí. Huǒchē

晚了半个小时。
wǎn le bàn ge xiǎoshí.

(1)
Dayang: The train is about to leave. Xiaowen hasn't come yet!
Linda: I've told her that we meet here at half past six.
Dayang: Let's call her.
Linda: I've already called her, but she didn't answer it.
Dayang: Let's send her a text message.
Linda: I've already sent her a text message, but she didn't reply either.
Dayang: It's almost 6:50. The train leaves at 7:00.
Linda: Look! It's going to rain. Let's get on the train.
Linda: Look! There she is.
Xiaowen: I am sorry, I am late.
Dayang: What happened?
Xiaowen: The bus came late today.
Linda: Why didn't you reply to my call and the text message?
Linda: I am sorry. My mobile phone ran out of battery.
Dayang: Let's go. The train is about to leave!

(2)
    Linda, Dayang and Xiaowen were on holiday. They decided to travel by train. They would meet at half past six at the railway station. It was almost 6:50. Linda and Dayang had been waiting for half an hour but Xiaowen hadn't come yet. She was late.

    They got on the train and had their dinner on the train. Dayang felt that it was both cheap and delicious, but Xiaowen felt that it was both expensive and awful. Nonetheless, they all felt that traveling by train was comfortable because it was clean and quiet on the train. Now it had been more than ten hours since the train left. The train would arrive at 8:00 in the morning. Suddenly, the train stopped. A deer stood in front of the train. It was big and tall. Everyone on the train waited for half an hour. The train driver was very worried but the deer wasn't worried at all. The train was half an hour late.

火车就要开了 The train is leaving soon

新词语 New Words

1	火车	huǒchē	n.	train
	火	huǒ	n.	fire
	车	chē	n.	vehicle (bike, car, train)
2	就(要)	jiù (yào)	adv.	just (about to happen)
3	开	kāi	v.	(of vehicle) to leave, to drive(vehicle), to open
4	告诉	gàosu	v.	to tell
5	接	jiē	v.	to answer (phone call)
6	发	fā	v.	to send (message)
7	短信	duǎnxìn	n.	text message
	短	duǎn	adj.	(of length) short
	信	xìn	n.	letter, message
8	回	huí	v.	to reply (message)
9	上	shàng	v.	to get on (car, bus, train), to (go or come) up
10	快要	kuàiyào	adv.	soon (about to happen)
11	晚	wǎn	adv.	late
12	放假	fàng jià	v.p.	to have a holiday
	假	jià	n.	holiday
13	火车站	huǒchē zhàn	n.	railway station
	站	zhàn	n./v.	station, stop (bus); to stand
14	觉得	juéde	v.	to feel, think
15	又(……又)	yòu(...yòu)	adv.	indicating coexistence of a few situations, again
16	不过	búguò	adv.	nevertheless
17	干净	gānjìng	adj.	clean
18	安静	ānjìng	adj.	quiet, silent

19	停	tíng	v.	to stop
20	鹿	lù	n.	deer
21	司机	sījī	n.	driver
22	但是	dànshì	conj.	but

注释 NOTES

① "你怎么没回我的电话和短信？"
The word "怎么" is used to ask what happened or why things happened. The question often shows the speaker's concern, surprise or blame.

② 难吃：bad taste

③ 一点儿也不：not at all

语法 Grammar

1. 助词"了"（五）"要……了/快……了"表示事情即将发生
Particle "了"(5) "要……了/快……了" indicates that something is going to happen soon

下列三个句子都表示事情即将发生。"就要……了"、"快要……了"表示事情发生得更急迫。

The three sentences indicate that an event is happening soon. "就要……了" and "快要……了" express a more urgent happening.

(1)	火车	要/快	开	了。	The train is leaving soon.
(2)	火车	就要	开	了。	The train is leaving in a minute.
(3)	火车	快要	开	了。	The train is leaving in a minute.

2. 助词"了"小结　A brief summary of particle "了"

(1) 句末助词"了"　Sentence particle "了"

"了"位于句末，表示新情况出现或情况改变了(详见第一册第13课)。句末"了"也表示一件事情发生或已经完成(详见第二册第1课)。"要"与"了"结合构成"要……了"句式，表示事情即将发生。(详见本课语法)

"了" is placed at the end of a sentence to indicate that a new situation has occurred or the situation has changed. (See Chapter 13 of Book I for details). It also indicates that something happened (has happened) or something has been done. (See Chapter 1 for details) "要……了/快……了" indicates that an event is going to take place soon. (See Grammar of this chapter for details)

(2) 动词后的"了"　Aspect particle "了"

"了"位于动词之后,表示动作的完成。(详见第二册第2课)

"了" is placed after a verb to indicate that an action was/will be completed. (See Chapter 2 for details)

(3) 动词后的"了"+ 句末"了"　Aspect particle "了"+Sentence particle "了"

一个"了"位于动词之后(动态助词),另一个"了"(句末助词) 位于句末,该句表示动作到目前已完成到某种程度了。(详见第二册第3课)

With one "了" after the verb (Aspect particle) and another "了"(Sentence particle) at the end, the sentence indicates that the action has been completed to a certain extent. (See Chapter 3 for details)

(1)	他	有工作			了。	He has a job now.
	他	去医院			了。	He went to the hospital.
	他	要去中国			了。	He is going to China soon.
(2)	他	买	了	三本书。		He bought three books.
	他	等	了	一个小时。		He waited for one hour.
(3)	他	买	了	三本书	了。	He has bought three books.
	他	等	了	一个小时	了。	He has waited for one hour.

3. "又……又……"

"又……又……"连接两个形容词或两个动词,包括所提及的两个状态或两个动作。

"又……又……" links two adjectives or verbs to include two situations or two actions.

(1)	她	又	聪明	又	漂亮。	She is both clever and beautiful.
(2)	她	又	说汉语	又	说英语。	She speaks both Chinese and English.

⚠ 注意 Attention!

"又……又……"不用于连接两个名词 。 不能说:×他喜欢又咖啡又茶。(应为:他又喜欢咖啡又喜欢茶。)

"又……又……" cannot be used to link two nouns. It is wrong to say "×他喜欢又咖啡又茶." The correct sentence is "他又喜欢咖啡又喜欢茶."

4. 介词"给" The preposition "给"

介词"给"后面常跟人称代词或名词表示接受动作的对象,或表示接受服务的对象。

The preposition "给" is followed by personal pronouns or nouns, which are often the recipients of the action or the service.

(1)	我	给	他	打了一个电话。	I made a phone call to him.
	我	给	老师	发了一个短信。	I sent a text message to the teacher.
(2)	妈妈	给	孩子	做了一个蛋糕。	Mother made a cake for the kids.
	老师	给	学生	写了几个汉字。	The teacher wrote the character for the student.

练习 Exercises

1. 课文问答练习 Questions and answers on the text

(一)

(1) 他们几点在火车站见面?
Tāmen jǐ diǎn zài huǒchē zhàn jiànmiàn?

(2) 林达给小文打电话了吗?
Líndá gěi Xiǎowén dǎ diànhuà le ma?

(3) 林达给小文发短信了吗?
Líndá gěi Xiǎowén fā duǎnxìn le ma?

(4) 小文为什么来晚了?
Xiǎowén wèi shénme lái wǎn le?

(5) 小文为什么没有接林达的电话?
Xiǎowén wèi shénme méiyǒu jiē Líndá de diànhuà?

(6) 现在几点了?
Xiànzài jǐ diǎn le?

(7) 火车几点开?
Huǒchē jǐ diǎn kāi?

(8) 现在天气怎么样?
Xiànzài tiānqì zěnmeyàng?

(二)

(1) 大阳觉得火车上的饭怎么样?
Dàyáng juéde huǒchē shang de fàn zěnmeyàng?

(2) 小文 觉得 火车上 的饭 怎么样?
　　Xiǎowén juéde huǒchē shang de fàn zěnmeyàng?

(3) 他们 觉得坐火车 旅行怎么样?
　　Tāmen juéde zuò huǒchē lǚxíng zěnmeyàng?

(4) 火车开了 多长 时间了?
　　Huǒchē kāi le duō cháng shíjiān le?

(5) 火车 为什么 突然停了?
　　Huǒchē wèi shénme tūrán tíng le?

(6) 火车 司机着急吗? 那只鹿呢?
　　Huǒchē sījī zháojí ma? Nà zhī lù ne?

(7) 大家等 了多长 时间?
　　Dàjiā děng le duō cháng shíjiān?

(8) 火车 晚了多长 时间?
　　Huǒchē wǎn le duō cháng shíjiān?

2. 根据所给的情景和动词说一句话,用上"要/快要/就要……了"
Make sentences according to the given situations by using "要/快要/就要……了"

> E.g. 我们10:00上课。现在9:55。(上课)→我们就要上课了。

(1) 火车10:00开。现在9:55。(开)
　　Huǒchē　　　　kāi.

(2) 火车10:00到。现在9:55。(到)
　　Huǒchē　　　　dào.

(3) 汽车10:00来。现在9:55。(来)
　　Qìchē　　　　lái.

(4) 圣诞节是12月25号。现在是12月10号。(来/到)
　　Shèngdàn Jié

(5) 学校25号放假。今天15号。(放假)
　　Xuéxiào　　　fàng jià

(6) 马可25号去 中国。今天22号。(去中国)
　　Mǎkě　　　　qù Zhōngguó

（7）6:00 天黑。现在 5:30。（黑）
　　　　tiān hēi

3. 把"了"填在适当的位置
Fill in the blanks with "了" wherever it is necessary

（1）从　去年 到 现在，我 已经 学＿＿＿一 年 汉语＿＿＿。
　　　Cóng qùnián dào xiànzài, wǒ yǐjīng xué　　yì nián Hànyǔ

（2）今天 早上 我 只 喝＿＿＿一 杯 茶。
　　　Jīntiān zǎoshang wǒ zhǐ hē　　yì bēi chá

（3）我 以前 常常 买＿＿＿书。
　　　Wǒ yǐqián chángcháng mǎi　　shū

（4）他 以前 喜欢＿＿＿冬天，现在 不 喜欢＿＿＿。
　　　Tā yǐqián xǐhuan　　dōngtiān, xiànzài bù xǐhuan

（5）昨天 我 吃＿＿＿很 多 鱼＿＿＿，但是 没有 喝＿＿＿酒。
　　　Zuótiān wǒ chī　　hěn duō yú　　dànshì méiyǒu hē　　jiǔ

（6）昨天 他 没有 休息＿＿＿，他 在 家 工作＿＿＿。
　　　Zuótiān tā méiyǒu xiūxi　　tā zài jiā gōngzuò

（7）汽车 就 要 开＿＿＿！
　　　Qìchē jiù yào kāi

（8）昨天 我 病＿＿＿，去 医院＿＿＿。
　　　Zuótiān wǒ bìng　　qù yīyuàn

（9）以前，他 有＿＿＿很 多 朋友。
　　　Yǐqián, tā yǒu　　hěn duō péngyou

（10）十 年 以前，他 是＿＿＿一 个 学生。
　　　Shí nián yǐqián, tā shì　　yí ge xuésheng

4. 根据下面的情况练习表达道歉并解释原因
Practise how to apologize and give reasons according to the following situations

（1）你 和 朋友 见面，你 来 晚 了。
　　　Nǐ hé péngyou jiànmiàn, nǐ lái wǎn le.

（2）你 上课 来 晚 了。
　　　Nǐ shàngkè lái wǎn le.

（3）你没有接朋友的电话。
　　　Nǐ méiyǒu jiē péngyou de diànhuà.

（4）你没有回朋友的短信。
　　　Nǐ méiyǒu huí péngyou de duǎnxìn.

（5）你没有来上课。
　　　Nǐ méiyǒu lái shàngkè.

5. 根据提示，用"又……又"回答下面的问题
Answer the following questions by using "又……又" according to the given words

（1）A：火车上的饭怎么样？　　　　B：（贵，难吃）
　　　　Huǒchē shang de fàn zěnmeyàng?　　　 guì nánchī

（2）A：这个茶馆儿怎么样？　　　　B：（干净，安静）
　　　　Zhège cháguǎnr zěnmeyàng?　　　　 gānjìng ānjìng

（3）A：这条裙子怎么样？　　　　　B：（便宜，漂亮）
　　　　Zhè tiáo qúnzi zěnmeyàng?　　　　　 piányi piàoliang

（4）A：那只鹿怎么样？　　　　　　B：（高，大）
　　　　Nà zhī lù zěnmeyàng?　　　　　　　 gāo dà

（5）A：那个房间怎么样？　　　　　B：（干净，舒服）
　　　　Nàge fángjiān zěnmeyàng?　　　　　 gānjìng shūfu

（6）A：那只狗怎么样？　　　　　　B：（聪明，漂亮）
　　　　Nà zhī gǒu zěnmeyàng?　　　　　　 cōngming piàoliang

（7）A：那只猫怎么样？　　　　　　B：（大，胖）
　　　　Nà zhī māo zěnmeyàng?　　　　　　 dà pàng

（8）A：这儿的冬天天气怎么样？　　B：（下雪，刮风）
　　　　Zhèr de dōngtiān tiānqì zěnmeyàng?　 xià xuě guā fēng

（9）A：他会做什么饭？　　　　　　B：（中国饭，法国饭）
　　　　Tā huì zuò shénme fàn?　　　　　　 Zhōngguó fàn Fǎguó fàn

（10）A：他喜欢什么茶？　　　　　 B：（绿茶，红茶）
　　　　Tā xǐhuan shénme chá?　　　　　　 lǜchá hóngchá

6. 用"一点也不"完成下面的对话
Complete the following dialogues by using "一点也不"

(1) A：那里 的饭 好吃 吗？　　B：
　　　Nàli de fàn hǎochī ma?

(2) A：火车 上 的饭 便宜 吗？　B：
　　　Huǒchē shang de fàn piányi ma?

(3) A：那个电影 好看 吗？　　　B：
　　　Nàge diànyǐng hǎokàn ma?

(4) A：那只鹿着急吗？　　　　　B：
　　　Nà zhī lù zháojí ma?

(5) A：那 条裙子 漂亮 吗？　　　B：
　　　Nà tiáo qúnzi piàoliang ma?

(6) A：那只 狗 聪明 吗？　　　　B：
　　　Nà zhī gǒu cōngming ma?

(7) A：今天 暖和 吗？　　　　　B：
　　　Jīntiān nuǎnhuo ma?

(8) A："一"这个汉字 难 吗？　　B：
　　　"Yī" zhège Hànzì nán ma?

7. 用所给的汉字填空　Fill in the blanks with the given words

(A)	要	已	打	点	见	小	发	来	机	回
	yào	yǐ	dǎ	diǎn	jiàn	xiǎo	fā	lái	jī	huí

小文和林达六1____半在火车站2____面。现在林达3____经等了快半个4____时了，火车就5____开了，小文还没6____。林达给她7____了一个电话，8____了一个短信，小文都没有9____，因为她的手10____没电了。

(B)	又	欢	的	火	是	上	好	时	等	了
	yòu	huān	de	huǒ	shì	shàng	hǎo	shí	děng	le

小文和林达都喜1____坐火车旅行，2____快又舒服。但

3＿＿＿小文觉得火车上 4＿＿＿饭又贵又不 5＿＿＿吃。第二天早 6＿＿＿八点，火车突然停 7＿＿＿。一只鹿在 8＿＿＿车前面。大家 9＿＿＿了半个多小 10＿＿＿。

8. 课堂活动　　Classroom activities

1. Continue the dialogue about Linda's trip by train according to the text.

   A：他们在火车上吃饭了吗？
   B：他们吃了晚饭。
   A：……

2. Use the following picture to talk about the story in the text.

9. 听力练习　　Listening comprehension

（1）A 还 没 有　　　　B 已经 下 了
　　　　hái méiyǒu　　　　　　yǐjīng　xià le

（2）A 很 好吃　　　　　B 很 便宜
　　　　hěn hǎochī　　　　　　hěn piányi

（3）A 丢 了　　　　　　B 没 电 了
　　　　diū le　　　　　　　　méi diàn le

（4）A 老师病了　　　　B 火车 晚 了
　　　　lǎoshī bìng le　　　　huǒchē wǎn le

（5）A 很 干净　　　　　B 很 安静
　　　　hěn gānjìng　　　　　hěn ānjìng

10. 用所给的词语把下面的句子翻译成汉语
Translate the sentences into Chinese by using the given words

(1) I think this place is very clean.　　　　　觉得

(2) He didn't answer my call.　　　　　　　　接电话

(3) He didn't reply to my text message. 　　回短信
(4) Look! It is going to rain. 　　就要……了
(5) He can speak both Chinese and English. 　　又……又

11. 写作练习（100个汉字左右） Writing exercise

选择一个题目： 　　（1）林达和朋友坐火车旅行
Select one of the topics: 　　Linda traveled by train with her friends

　　　　　　　　　　　　（2）我和朋友坐火车旅行
　　　　　　　　　　　　I traveled by train with my friends

语音练习 Pronunciation drills

朗读下面的词语　Read aloud the following words

1	2	3	4	5	6
火车 huǒchē	见面 jiàn miàn	时间 shíjiān	好吃 hǎochī	难吃 nánchī	小时 xiǎoshí
汽车 qìchē	上面 shàngmian	房间 fángjiān	好看 hǎokàn	难看 nánkàn	小学 xiǎoxué
小车 xiǎo chē	下面 xiàmian	中间 zhōngjiān	好听 hǎotīng	难听 nántīng	小人 xiǎorén

5

你去过 长城 吗?
Nǐ qù guo Chángchéng ma?
Have you been to the Great Wall?

➡️ 课文　Text

（一）

马可：　　你去过 长城 吗?
Mǎkě　　　Nǐ qù guo Chángchéng ma?

小文：　　去过，我去过三次。你呢?
Xiǎowén　　Qù guo, wǒ qù guo sān cì. Nǐ ne?

马可：　　没去过，不过我很想去。"不到 长城 非好汉[①]。"
Mǎkě　　　Méi qù guo, búguò wǒ hěn xiǎng qù. "Bú dào Chángchéng fēi hǎohàn."
　　　　　我得 当 好汉。
　　　　　Wǒ děi dāng hǎohàn.

小文：　　好啊。如果我有钱买飞机票，我就和你一起去。
Xiǎowén　　Hǎo a. Rúguǒ wǒ yǒu qián mǎi fēijī piào, wǒ jiù hé nǐ yìqǐ qù.

马可：　　北京有什么好玩儿的地方?
Mǎkě　　　Běijīng yǒu shénme hǎowánr de dìfang?

小文：　　我们可以去看看天安门。
Xiǎowén　　Wǒmen kěyǐ qù kànkan Tiān'ānmén.

马可：　　在电影和电视上我见过很多次天安门了。
Mǎkě　　　Zài diànyǐng hé diànshì shang wǒ jiàn guo hěn duō cì Tiān'ānmén le.

小文：　　可是你还没有去过。
Xiǎowén　　Kěshì nǐ hái méiyǒu qù guo.

马可：　　好，我们一起去吧。我还对中国 饭感兴趣。
Mǎkě　　　Hǎo, wǒmen yìqǐ qù ba. Wǒ hái duì Zhōngguó fàn gǎn xìngqù.

小文：　　北京烤鸭你吃过没有?
Xiǎowén　　Běijīng kǎoyā nǐ chī guo méiyǒu?

第五课 Lesson 5

马可： 我只见过鸭子，没吃过烤鸭。好吃吗？
Mǎkě　Wǒ zhǐ jiàn guo yāzi, méi chī guo kǎoyā. Hǎochī ma?

小文： 特别好吃。
Xiǎowén　Tèbié hǎochī.

马可： 我对民歌也感兴趣，想学中国民歌。
Mǎkě　Wǒ duì míngē yě gǎn xìngqù, xiǎng xué Zhōngguó míngē.

小文： 《茉莉花》你听过没有？
Xiǎowén　《Mòlìhuā》 nǐ tīng guo méiyǒu?

马可： 我只喝过茉莉花茶，没听过《茉莉花》。好听吗？
Mǎkě　Wǒ zhǐ hē guo mòlìhuā chá, méi tīng guo 《Mòlìhuā》. Hǎotīng ma?

小文： 特别好听。
Xiǎowén　Tèbié hǎotīng.

马可： 你教我这个歌②，可以吗？
Mǎkě　Nǐ jiāo wǒ zhège gē, kěyǐ ma?

小文： 当然可以。
Xiǎowén　Dāngrán kěyǐ.

（二）

马可在电视上见过很多次长城，但是他还没有去过。他打算明年去中国旅游。如果小文有钱买飞机票，她就和马可一起坐飞机去中国。
Mǎkě zài diànshì shang jiàn guo hěn duō cì Chángchéng, dànshì tā hái méiyǒu qù guo. Tā dǎsuàn míngnián qù Zhōngguó lǚyóu. Rúguǒ Xiǎowén yǒu qián mǎi fēijī piào, tā jiù hé Mǎkě yìqǐ zuò fēijī qù Zhōngguó.

小文和马可都很喜欢熊猫。他们在动物园里见过熊猫，但是都没见过大山里的熊猫。如果有机会，他们就去四川的大山里看熊猫。马可对中国饭感兴趣。吃中国
Xiǎowén hé Mǎkě dōu hěn xǐhuan xióngmāo. Tāmen zài dòngwùyuán li jiàn guo xióngmāo, dànshì dōu méi jiàn guo dà shān li de xióngmāo. Rúguǒ yǒu jīhuì, tāmen jiù qù Sìchuān de dà shān li kàn xióngmāo. Mǎkě duì Zhōngguó fàn gǎn xìngqù. Chī Zhōngguó

饭用筷子，不用刀叉，他觉得这很有意思。他去过很多中
fàn yòng kuàizi, bú yòng dāo chā, tā juéde zhè hěn yǒu yìsi. Tā qù guo hěn duō Zhōng-

国饭馆儿，吃过很多中国菜，但是他还没有吃过北京
guó fànguǎnr, chī guo hěn duō Zhōngguó cài, dànshì tā hái méiyǒu chī guo Běijīng

烤鸭。
kǎoyā.

(1)

Mark: Have you ever been to the Great Wall?
Xiaowen: Yes, I've been there three times. And you?
Mark: No. I have't, but I want to go. "One cannot be a true man without having been to the Great Wall." I must be a true man.
Xiaowen: Fine. If I have money to buy plane ticket, I will go with you.
Mark: Any interesting places to visit in Beijing?
Xiaowen: Let's go to see Tian'anmen.
Mark: I have seen it many times in films and on TV.
Xiaowen: But you haven't been there yet.
Mark: Well, let's go together. I am also interested in Chinese food.
Xiaowen: Have you ever had Beijing roast duck?
Mark: I have seen ducks but haven't tasted roast duck. Is it delicious?
Xiaowen: Yes, very delicious.
Mark: I am also interested in folk music, and I want to learn Chinese folk song.
Xiaowen: Have you ever listened to 《Jasmine Flower》?
Mark: I've had jasmine tea, but haven't listened to 《Jasmine Flower》. Is it nice?
Xiaowen: It's very beautiful.
Mark: Can you teach me the song?
Xiaowen: Of course.

(2)

Mark has seen the Great Wall many times in films and on TV, but he hasn't been there. He is going to take a trip to China next year. If Xiaowen has money to buy plane ticket, she will go to China by plane with Mark.

Both Xiaowen and Mark like pandas. They've seen pandas in zoos, but haven't seen them in mountains. If they have an opportunity, they will go to the mountains in Sichuan to see pandas. Mark is also interested in Chinese food. He found it very interesting to eat Chinese food with chopsticks instead of fork and knife. He's been to many Chinese restaurants and has tasted many Chinese dishes, but he hasn't eaten Beijing roast duck yet.

新词语 New Words

1	过	guo	*part.*	(particle)
2	长城	Chángchéng	*p.n.*	the Great Wall
	城	chéng	*n.*	city
3	次	cì	*m.w.*	measure word (frequency)
4	非	fēi	*v.*	not to be
5	好汉	hǎohàn	*n.*	true man
	汉	hàn	*n.*	man
6	当	dāng	*v.*	to be (somebody)
7	如果……,(就)	rúguǒ…, (jiù)	*conj.*	if…,(then)
8	钱	qián	*n.*	money
9	飞机	fēijī	*n.*	plane
	飞	fēi	*v.*	to fly
10	好玩儿	hǎowánr	*adj.*	amusing
	玩	wán	*v.*	to have fun, to play (games)
11	天安门	Tiān'ānmén	*p.n.*	Tian'anmen
	安	ān	*adj.*	peaceful
	门	mén	*n.*	gate
12	电视	diànshì	*n.*	television
13	烤鸭	kǎoyā	*n.*	roast duck
	烤	kǎo	*v.*	to roast, to bake

	鸭	yā	n.	duck
14	民歌	míngē	n.	folk song
	民	mín	n.	folk, people
	歌	gē	n.	song
15	茉莉花	mòlìhuā	n.	jasmin
16	好听	hǎotīng	adj.	pleasant to hear
17	教	jiāo	v.	to teach
18	明年	míngnián	n.	next year
19	旅游	lǚyóu	v.	to travel
20	熊猫	xióngmāo	n.	panda
21	动物园	dòngwùyuán	n.	zoo
22	机会	jīhuì	n.	opportunity
23	四川	Sìchuān	p.n.	Sichuan
	川	chuān	n.	river (written language)
24	用	yòng	v.	to use
25	筷子	kuàizi	n.	chopsticks
26	刀	dāo	n.	knife
27	叉	chā	n.	fork
28	饭馆儿	fànguǎnr	n.	restaurant
29	菜	cài	n.	dish

注释 NOTES

① "不到长城非好汉。"

This sentence means "One cannot be a true man without having been to the Great Wall."

② "你教我这个歌,可以吗?"

The verb "教" can take two objects, which means "to teach me this song".

语法 Grammar

1. 助词"过"　The particle "过"

（1）"过"位于动词之后,表示过去的经历。
　　 "过" is placed after a verb to express a past experience.

（2）否定式是将"没(有)"放在动词之前。
　　 The negative form is made by placing "没(有)" before the verb.

（3）疑问句是将"吗"或"没(有)"放在句末。
　　 Interrogative sentences are formed by placing "吗" or "没(有)" at the end.

(1)	我		去	过	长城。		I have been to the Great Wall.
(2)	我	没有	去	过	长城。		I haven't been to the Great Wall.
(3)	你		去	过	长城	吗?	Have you been to the Great Wall?
	你		去	过	长城	没有?	Have you been to the Great Wall (or not)?

2. 动量补语　Complements of frequency

　　动量补语"次"位于数词或"很多、几"之后说明动作的次数。"次"在句子中的位置如下:
　　As complement of frequency, "次" is placed after numerals or words such as "很多、几" to indicate the frequency of actions. "次" takes the following positions in a sentence:

（1）"次"位于谓语动词之后或句末。如果动词带宾语,"次"位于宾语之前或宾语之后。
　　 It is placed after a verb or at the end of a sentence. If the verb is followed by an object, "次" is placed either before or after the object.

（2）如果宾语是人称代词,"次"位于宾语之后。
　　 "次" is placed after the object if it is a pronoun.

(1)	我去过	三次	长城。	
	我去过		长城	三次。
	我见过	很多次	天安门。	
	我见过		天安门	很多次。
(2)	我见过		他	很多次。

⚠ 注意 Attention!

"次"和"遍"都表示动作完成的次数。它们的区别如下：
Both "次" and "遍" indicate the number of times that an action takes place. The difference is indicated as follows:

(1) "次"表示动作发生的次数。
   "次" indicates numbers of time an action takes place.

(2) "遍"表示动作发生的次数时更强调动作的整个过程。
   "遍" indicates numbers of time an action takes place with reference to the whole process of the action.

(1)	长城	我去过	三次。	
	天安门	我见过	很多次。	
(2)	这本书	我看过	两遍。	(from the first page to the last)
	这个汉字	我写了	两遍。	(from the first stroke to the last)

3. 连动句 (二)
Sentences with verbal phrases in series (2)

(1) 连动句中的前一个动词(或动词短语)说明后一个动作进行的方式。
   In the sentences with serial verbal phrases, the first verb (or verbal phrase) explains the means by which the second action is carried out.

(2) 否定式是把"不"或"没有"放在第一个动词之前。
   The negative form is made by placing "不" or "没有" before the first verb.

(1)	他		坐$_1$飞机	去$_2$	中国。	He goes to China by plane.
	他		用$_1$筷子	吃$_2$	饭。	He eats with chopsticks.
(2)	他	不/没有	坐$_1$飞机	去$_2$	中国。	He doesn't/ didn't go to China by plane.
	他	不/没有	用$_1$筷子	吃$_2$	饭。	He doesn't/ didn't eat with chopsticks.

4. "如果……, 就……"

(1) 在"如果……, 就……"句中，"就……"所在的分句中如有主语，"就"放在主语之后。
   In the "如果……, 就……" sentence, the subject in "就……" clause is placed before "就".

(2) "如果……"句和"就……"句有同一个主语，可以省略其中一个。
   If the subject is shared with the clauses introduced by "如果……" and "就……", one of them can be omitted.

(1)		如果	我有钱买飞机票，	我	就	去中国。
(2)		如果	有钱买飞机票，	我	就	去中国。
	我	如果	有钱买飞机票，		就	去中国。

⚠ 注意 Attention!

不能说 ד"如果……，就我去中国。"
It is wrong to say "如果……，就我去中国。"

练习 Exercises

1. 课文问答练习 Questions and answers on the text

（一）

（1）马可去过 长城 吗？
　　 Mǎkě qù guo Chángchéng ma?

（2）小文 去过 几次 长城？
　　 Xiǎowén qù guo jǐ cì Chángchéng?

（3）马可 为什么 去 长城？
　　 Mǎkě wèi shénme qù Chángchéng?

（4）小文 和马可一起去北京吗？
　　 Xiǎowén hé Mǎkě yìqǐ qù Běijīng ma?

（5）马可去过 天安门 没有？
　　 Mǎkě qù guo Tiān'ānmén méiyǒu?

（6）马可吃 过北京 烤鸭 没有？
　　 Mǎkě chī guo Běijīng kǎoyā méiyǒu?

（7）马可 听过《茉莉花》没有？
　　 Mǎkě tīng guo《Mòlìhuā》 méiyǒu?

（8）《茉莉花》是 什么 歌？ 好听 吗？
　　《Mòlìhuā》 shì shénme gē? Hǎotīng ma?

（二）

（1）马可打算去 中国 干 什么？
　　 Mǎkě dǎsuàn qù Zhōngguó gàn shénme?

（2）小文 和马可一起去吗？
　　Xiǎowén hé Mǎkě yìqǐ qù ma?

（3）小文 和马可在 哪儿 见过 熊猫？
　　Xiǎowén hé Mǎkě zài nǎr jiàn guo xióngmāo?

（4）他们 想 去四川 干 什么？
　　Tāmen xiǎng qù Sìchuān gàn shénme?

（5）马可去过 中国 饭馆儿吗？
　　Mǎkě qù guo Zhōngguó fànguǎnr ma?

（6）马可对 中国 饭感 兴趣吗？
　　Mǎkě duì Zhōngguó fàn gǎn xìngqù ma?

（7）马可觉得用 筷子吃饭 怎么样？
　　Mǎkě juéde yòng kuàizi chī fàn zěnmeyàng?

（8）马可吃过烤鸭吗？
　　Mǎkě chī guo kǎoyā ma?

2. 根据例句和图片进行问答练习　Make questions and answers according to the example with the help of the pictures

E.g. （1）A：你去过……没有？B：去过/(还)没有去过。

Chángchéng　　　Tiān'ānmén　　　Shànghǎi　　　Xī'ān

E.g. （2）A：你见过……没有？

圣诞老人　　　熊猫　　　鹿　　　龙
shèngdàn lǎorén　　xióngmāo　　lù　　lóng

E.g. (3) A：你吃/喝过……没有？

饺子　　　　　北京烤鸭　　　　绿茶　　　　　　青岛啤酒
jiǎozi　　　　　kǎoyā　　　　　lǜchá　　　　　　Qīngdǎo Píjiǔ

E.g. (4) A：你学过……没有？

英语　　　　　　法语　　　　　　　德语
Yīngyǔ　　　　　Fǎyǔ　　　　　　　Déyǔ

日语　　　　　　韩国语　　　　　　芬兰语
Rìyǔ　　　　　　Hánguóyǔ　　　　　Fēnlányǔ

3. 用所给的词语组句　Make sentences with the given words

(1) 他　　两次　　去　　过　　北京
　　tā　　liǎng cì　　qù　　guo　　Běijīng
_____。

(2) 一次　　上海　　他　　去　　过
　　yí cì　　Shànghǎi　　tā　　qù　　guo
_____。

(3) 这个　　电影　　他　　三次　　看　　过
　　zhège　　diànyǐng　　tā　　sān cì　　kàn　　guo
_____。

(4) 我　　很多次　　见　　过　　他
　　wǒ　　hěn duō cì　　jiàn　　guo　　tā
_____。

(5) 很多次　　这个　　他　　民歌　　听　　过
　　hěn duō cì　　zhège　　tā　　míngē　　tīng　　guo
_____。

4. 用"(如果……,)就……"完成下面的句子
   Complete the following sentences by using "(如果……,)就……"

   (1) A: 如果我有钱，_____。
   Rúguǒ wǒ yǒu qián,

   (2) A: 如果我有时间，_____。
   Rúguǒ wǒ yǒu shíjiān,

   (3) A: 如果我有机会，_____。
   Rúguǒ wǒ yǒu jīhuì,

   (4) A: 如果我去北京，_____。
   Rúguǒ wǒ qù Běijīng,

   (5) A: 如果我去四川，_____。
   Rúguǒ wǒ qù Sìchuān,

   (6) A: 如果去旅游，_____。
   Rúguǒ qù lǚyóu,

   (7) A: 如果病了，_____。
   Rúguǒ bìng le,

   (8) A: 如果想和朋友聊天儿，_____。
   Rúguǒ xiǎng hé péngyou liáotiānr,

   (9) A: 如果天气好，_____。
   Rúguǒ tiānqì hǎo,

   (10) A: 如果下雨，_____。
   Rúguǒ xià yǔ,

5. 根据例句回答下面的问题
   Answer the following questions according to the example

   E.g. A: 你怎么去商店？ B: 我坐$_1$公共汽车去$_2$商店。

   (1) A: 你怎么去中国？　　　　　　B: _____。（飞机/火车）
   　　 Nǐ zěnme qù Zhōngguó?　　　　　　　　　fēijī /huǒchē

   (2) A: 你怎么来学校？　　　　　　B: _____。（火车/汽车）
   　　 Nǐ zěnme lái xuéxiào?　　　　　　　　　huǒchē/qìchē

（3）A：你怎么吃 中国 菜？　　　　　B：_____。（刀叉/筷子）
　　　　Nǐ zěnme chī Zhōngguó cài?　　　　　　　　　　dāo chā / kuàizi

（4）A：你怎么写汉字？　　　　　　　B：_____。（笔/电脑）
　　　　Nǐ zěnme xiě Hànzì?　　　　　　　　　　　　　bǐ / diànnǎo

（5）A：你怎么给 朋友发短信？　　　B：_____。（手机）
　　　　Nǐ zěnme gěi péngyou fā duǎnxìn?　　　　　　shǒujī

6. 根据实际情况回答下面的问题
Answer the following questions according to real situations

（1）你去过 四川吗？
　　　Nǐ qù guo Sìchuān ma?

（2）你去过 英国吗？
　　　Nǐ qù guo Yīngguó ma?

（3）你见过 大熊猫 吗？
　　　Nǐ jiàn guo dàxióngmāo ma?

（4）你见过 鹿吗？
　　　Nǐ jiàn guo lù ma?

（5）你吃过 中国 菜吗？
　　　Nǐ chī guo Zhōngguó cài ma?

（6）你喝过 北京啤酒吗？
　　　Nǐ hē guo Běijīng Píjiǔ ma?

（7）你看过 中国 电影吗？
　　　Nǐ kàn guo Zhōngguó diànyǐng ma?

（8）你学过 什么 外语？
　　　Nǐ xué guo shénme wàiyǔ (foreign language)?

（9）你听过 中国 民歌吗？
　　　Nǐ tīng guo Zhōngguó míngē ma?

（10）你坐过飞机吗？
　　　Nǐ zuò guo fēijī ma?

7. 用所给的汉字填空　Fill in the blanks with the given words

(A) 票 歌 果 过 对 起 但 教 明 过
　　piào　gē　guǒ　guo　duì　qǐ　dàn　jiāo　míng　guo

马可没有去 1＿＿ 长城，所以他打算 2＿＿ 年去中国。如 3＿＿ 有钱买飞机 4＿＿，小文和马可一 5＿＿ 去北京。马可 6＿＿ 中国民歌感兴趣，7＿＿ 是他还没有听 8＿＿《茉莉花》。《茉莉花》是民 9＿＿，很好听，小文可以 10＿＿ 他。

(B) 过 多 有 过 用 觉 馆 子 吃 菜
　　guo　duō　yǒu　guo　yòng　jué　guǎn　zi　chī　cài

马可去 1＿＿ 很多中国饭 2＿＿ 儿。他吃过很 3＿＿ 中国菜，觉得中国 4＿＿ 都非常好 5＿＿。他还没有吃 6＿＿ 北京烤鸭。马可会 7＿＿ 刀叉，但是他用筷 8＿＿ 吃中国菜。他 9＿＿ 得用筷子吃中国菜很 10＿＿ 意思。

8. 课堂活动　Classroom activities

With the help of the pictures talk about what you would do if you go to China.

北京烤鸭
Běijīng kǎoyā

上海
Shànghǎi

熊猫
xióngmāo

长城
Chángchéng

天安门
Tiān'ānmén

绿茶
lǜchá

9. 听力练习　Listening comprehension

(1) A　坐 火 车　　　B　坐 飞 机
　　　zuò huǒchē　　　　zuò fēijī

(2) A　刀 叉　　　　B　筷 子
　　　dāo chā　　　　　kuàizi

（3）A 见过
　　　jiàn guo

B 没见过
　méi jiàn guo

（4）A 吃过
　　　chī guo

B 没吃过
　méi chī guo

（5）A 民歌
　　　míngē

B 旅游
　lǚyóu

10. 用所给的词把下面的句子翻译成汉语
Translate the sentences into Chinese by using the given words

(1) Teacher Li teaches English to Chinese students.　　教

(2) He doesn't use chopsticks to eat Chinese food.　　用

(3) I want to go to Shanghai by plane.　　坐

(4) This song is very nice.　　好听

(5) We plan to take a trip to China.　　旅游

11. 写作练习（100个汉字左右）　Writing exercise

题目：介绍你去过的一个地方

Topic : Talk about a place you've been to

语音练习 Pronunciation drills

🎧 朗读下面的词语　Read aloud the following words

1	2	3	4	5	6
北京 Běijīng	飞机 fēijī	好听 hǎotīng	电视 diànshì	机会 jīhuì	民歌 míngē
南京 Nánjīng	手机 shǒujī	好吃 hǎochī	电话 diànhuà	晚会 wǎnhuì	中国歌 Zhōngguó gē
东京 Dōngjīng	司机 sījī	好看 hǎokàn	电影 diànyǐng	大会 dàhuì	英国歌 Yīngguó gē

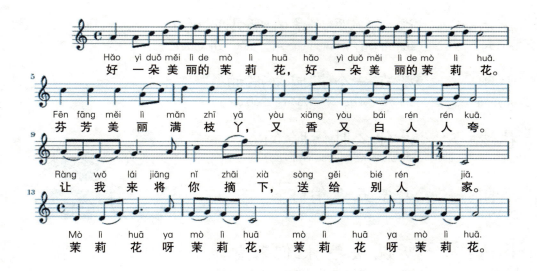

Hǎo yì duǒ měi lì de mò lì huā, hǎo yì duǒ měi lì de mò lì huā.
好一朵美丽的茉莉花，好一朵美丽的茉莉花。

Fēn fāng měi lì mǎn zhī yā, yòu xiāng yòu bái rén rén kuā.
芬芳美丽满枝丫，又香又白人人夸。

Ràng wǒ lái jiāng nǐ zhāi xià, sòng gěi bié rén jiā.
让我来将你摘下，送给别人家。

Mò lì huā ya mò lì huā, mò lì huā ya mò lì huā.
茉莉花呀茉莉花，茉莉花呀茉莉花。

6 他们是夏天来的

Tāmen shì xiàtiān lái de

They came here in the summer

课文 Text

（一）

林达： 照片上的两位老人是你的爷爷奶奶吧？
Líndá Zhàopiàn shang de liǎng wèi lǎorén shì nǐ de yéye nǎinai ba?

大阳： 对，是我爷爷奶奶。
Dàyáng Duì, shì wǒ yéye nǎinai.

林达： 这张照片是在哪儿照的？
Líndá Zhè zhāng zhàopiàn shì zài nǎr zhào de?

大阳： 是在一个花园里照的。
Dàyáng Shì zài yí ge huāyuán li zhào de.

林达： 是什么时候照的？
Líndá Shì shénme shíhou zhào de?

大阳： 大概五六年前。
Dàyáng Dàgài wǔ liù nián qián.

林达： 听说去年他们来看你了。
Líndá Tīngshuō qùnián tāmen lái kàn nǐ le.

大阳： 对，是夏天来的。对了①，我给你泡一杯茶。
Dàyáng Duì, shì xiàtiān lái de. Duì le, wǒ gěi nǐ pào yì bēi chá.

林达： 谢谢！你泡的茶真好喝！这是什么茶？
Líndá Xièxie! Nǐ pào de chá zhēn hǎohē! Zhè shì shénme chá?

大阳： 是绿茶，今年的新茶。
Dàyáng Shì lǜchá, jīnnián de xīn chá.

林达： 是在这儿买的吗？
Líndá Shì zài zhèr mǎi de ma?

大阳： 不是。
Dàyáng　　Bú shì.

林达： 是在北京买的吧？
Líndá　　Shì zài Běijīng mǎi de ba?

大阳： 不是，是在龙井买的。
Dàyáng　　Bú shì, shì zài Lóngjǐng mǎi de.

林达： 龙井在哪儿？
Líndá　　Lóngjǐng zài nǎr?

大阳： 在杭州，龙井是一个村子。
Dàyáng　　Zài Hángzhōu, Lóngjǐng shì yí ge cūnzi.

（二）

大阳是外国人，在这儿住了三年左右了。他很想
Dàyáng shì wàiguórén, zài zhèr zhù le sān nián zuǒyòu le. Tā hěn xiǎng
他的家人。他爷爷和奶奶去年来看他了。他们是夏天
tā de jiārén. Tā yéye hé nǎinai qùnián lái kàn tā le. Tāmen shì xiàtiān
来的，还给他带了一些绿茶，是新茶，在龙井的茶园买
lái de, hái gěi tā dài le yìxiē lǜchá, shì xīn chá, zài Lóngjǐng de cháyuán mǎi
的。龙井的绿茶已经有一千多年的历史了，很有名。
de. Lóngjǐng de lǜchá yǐjīng yǒu yì qiān duō nián de lìshǐ le, hěn yǒumíng.

大阳全家都喜欢喝茶，特别是大阳的爷爷。他喝过
Dàyáng quán jiā dōu xǐhuan hē chá, tèbié shì Dàyáng de yéye. Tā hē guo
很多种茶，绿茶、红茶、花茶，他都喜欢。如果喝绿茶，他
hěn duō zhǒng chá, lǜchá, hóngchá, huāchá, tā dōu xǐhuan. Rúguǒ hē lǜchá, tā
就不放糖和牛奶；如果喝红茶，他就放一点儿糖和牛奶。
jiù bú fàng táng hé niúnǎi; rúguǒ hē hóngchá, tā jiù fàng yìdiǎnr táng hé niúnǎi.
如果客人来了，他就给客人泡一杯茶。他送朋友的礼物
Rúguǒ kèren lái le, tā jiù gěi kèren pào yì bēi chá. Tā sòng péngyou de lǐwù
也常常是茶。他觉得茶是很好的礼物，因为喝茶对
yě chángcháng shì chá. Tā juéde chá shì hěn hǎo de lǐwù, yīnwèi hē chá duì

身体有好处。大阳的爷爷常常说，可以一天无肉，不可
shēntǐ yǒu hǎochù. Dàyáng de yéye chángcháng shuō, kěyǐ yì tiān wú ròu, bù kě

以一天无茶。
yǐ yì tiān wú chá.

(1)

Linda: The two old people in the photo are your grandparents, aren't they?
Dayang: Yes, they are.
Linda: Where was the photo taken?
Dayang: In a garden.
Linda: When was it taken?
Dayang: About five or six years ago.
Linda: I've heard they came here to see you last year.
Dayang: Yes, they came in the summer. Well, I'll make you a cup of tea.
Linda: Thank you. The tea you made is really nice! What tea is it?
Dayang: It is green tea, this year's new tea.
Linda: Was it bought here?
Dayang: No.
Linda: It was bought in Beijing, wasn't it?
Dayang: No, it was bought in Longjing.
Linda: Where is Longjing?
Dayang: It is in Hangzhou, Longjing is a village.

(2)

Dayang is a foreigner and he has lived here for about three years. He misses his family very much. His grandparents came to see him last year. They came in the summer. They brought some green tea to him. It is new tea and they bought it in the tea garden of Longjing. Green tea in Longjing is very famous and it has a history of more than one thousand years.

Every one of Dayang's family likes tea, especially Dayang's grandfather. He has drunk many kinds of tea, green tea, black tea, scented tea and he likes all of them. If he drinks green tea, he doesn't put sugar and milk in it. But if he drinks black tea he puts some sugar and milk in it. When visitors come, he makes a cup of tea for them. The gifts he gives to friends are often tea. He thinks that tea is a good gift, because it is good for health. Dayang's grandfather often says that a day can go by without meat but not without tea.

新词语 New Words

1	夏天	xiàtiān	n.	summer
	夏	xià	n.	summer
2	位	wèi	m.w.	measure word (polite form for person)
3	照	zhào	v.	to take (photo)
4	花园	huāyuán	n.	garden
5	大概	dàgài	adv./adj./n.	approximately; approximate; approximation
6	听说	tīngshuō	v.	to have heard
7	泡 (茶)	pào	v.	to make (tea)
8	新	xīn	adj.	new
9	龙井	Lóngjǐng	p.n.	Longjing
	龙	lóng	n.	dragon
	井	jǐng	n.	well
10	杭州	Hángzhōu	p.n.	Hangzhou
11	村子	cūnzi	n.	village
12	外国人	wàiguórén	n.	foreigner
	外国	wàiguó	n.	foreign country
	外	wài	n.	foreign, outside
13	家人	jiārén	n.	family member
14	带	dài	v.	to bring
15	茶园	cháyuán	n.	tea garden
16	千	qiān	num.	thousand
17	历史	lìshǐ	n.	history
18	有名	yǒumíng	adj.	famous
19	种	zhǒng	m.w.	measure word (kind of)
20	放	fàng	v.	to put

21	糖	táng	n.	sugar
22	客人	kèren	n.	guest, visitor
23	好处	hǎochù	n.	benefit
	处	chù	n.	aspect, point
24	无	wú	v.	to have not

注释 NOTES

① 对了,……

The expression indicates that the speaker is reminded of something.

语法 Grammar

1. "是……的"句(一)　Sentences with (1)"是……的"

(1)"是……的"句可用来说明已发生的动作,常强调事情发生的时间或地点。如果动词带宾语,宾语放在"的"之后。宾语也可放在句首,特别是带较复杂成分的宾语,有强调的意思,也可看作是句子的话题。

"是……的" sentences indicate or emphasize on when and where an action was completed. If the verb takes an object, the object is placed after "的". However, the object of the verb can be placed at the beginning of the sentence, especially when the object has complicated elements. In this case, the object is meant to be emphasized and can also be regarded as the topic of the sentence.

(2) 否定式是将"不"放在"是……的"结构之前。

The negative form is made by placing "不" before "是……的".

(3) 在对话中,"是……的"句中的"是"可以省略。

In "是……的" sentences, "是" can be omitted in spoken dialogues.

(1)		我	是	去年	去中国	的。	
		我	是	在中国	买	的	茶。
	这些茶	我	是	在中国	买	的。	
(2)	这些茶	我	不是	去年	买	的。	
(3)	这些茶	你		在哪儿	买	的?	
		我		在中国	买	的。	

2. 定语（三）复杂成分作定语
Attributives (3) Complicated structures as attributives

较复杂成分，如动词短语、主谓短语可以作定语，定语和名词之间需用"的"。
When verbal phrases as well as subject-object phrases function as attributives, "的" is placed between attributives and the modified nouns.

| (1) | 你泡 | 的 | 茶 | 很好喝。 |
| (2) | 他送朋友 | 的 | 礼物 | 常常是茶。 |

比较相应的英语句式：Compare the similar sentence structure in English:

| (1) | The tea | (which) you made | is very nice. |
| (2) | The gift | (which) he sends to his friends | is often tea. |

3. 概数的表达法（二）相邻的两个数字表示概数
Expressions of approximate numbers (2) Two consecutive numbers indicate approximation

(1) "十"以内相邻的两个数字可以连起来表示概数。例如：五六年。如果是十以上的数字，可以说：五六十年，五六百年，五六千年等。

Two consecutive numbers less than ten can indicate approximation, such as 五六年. For numbers more than ten, approximation can be expressed as 五六十年，五六百年，五六千年, etc.

(2) 表示概数时，"大概"放在数字的前面，或者放在谓语动词的前面。
"大概" is placed before numerals or predicate verbs to indicate approximation.

(3) 表示概数时，"左右"放在数字的后面。
"左右" is placed after numerals to indicate approximation.

(1)	他在外国住了		五六年。	
(2)	他在外国住了	大概	三年。	
	他在外国大概住了		三年。	
(3)	他在外国住了		三年	左右。

练习 Exercises

1. 课文问答练习　Questions and answers on the text

（一）

(1) 照片　上　的人是 谁？
　　Zhàopiàn shang de rén shì shéi?

(2) 照片　是在 哪儿照 的？
　　Zhàopiàn shì zài nǎr zhào de?

(3) 照片　是什么 时候 照的？
　　Zhàopiàn shì shénme shíhou zhào de?

(4) 大阳 的爷爷和 奶奶是 什么 时候来看他的？
　　Dàyáng de yéye hé nǎinai shì shénme shíhou lái kàn tā de?

(5) 大阳 泡的茶 怎么样？
　　Dàyáng pào de chá zěnmeyàng?

(6) 那是 什么 茶？
　　Nà shì shénme chá?

(7) 茶 是在 北京买的 吗？
　　Chá shì zài Běijīng mǎi de ma?

(8) 茶 是在 哪儿买 的？
　　Chá shì zài nǎr mǎi de?

(9) 龙井　在哪儿？
　　Lóngjǐng zài nǎr?

（二）

(1) 大阳 在哪儿学习？
　　Dàyáng zài nǎr xuéxí?

(2) 大阳 的爷爷和 奶奶 来看 过他吗？
　　Dàyáng de yéye hé nǎinai lái kàn guo tā ma?

(3) 他们 带了什么 茶？
　　Tāmen dài le shénme chá?

(4) 茶 是在 哪儿买的？
　　Chá shì zài nǎr mǎi de?

（5）龙井 茶有多 长 时间的历史？
Lóngjǐng chá yǒu duō cháng shíjiān de lìshǐ?

（6）大阳 的爷爷喜欢 喝什么茶？
Dàyáng de yéye xǐhuan hē shénme chá?

（7）他喝绿茶放 糖和牛奶吗？
Tā hē lǜchá fàng táng hé niúnǎi ma?

（8）他喝红茶 放 糖和牛奶吗？
Tā hē hóngchá fàng táng hé niúnǎi ma?

（9）他送 朋友 的礼物 常常 是什么？
Tā sòng péngyou de lǐwù chángcháng shì shénme?

（10）他 为什么 送 茶？
Tā wèi shénme sòng chá?

2. 根据图片用"是……的"句回答问题　Use "是……的" structure to answer the questions according to the pictures

（1）这 张 照片是在哪儿照 的？
Zhè zhāng zhàopiàn shì zài nǎr zhào de?

（2）这 张 照片是在哪儿照 的？
Zhè zhāng zhàopiàn shì zài nǎr zhào de?

（3）这 张 照片是在哪儿照 的？
Zhè zhāng zhàopiàn shì zài nǎr zhào de?

（4）这 张 照片是在哪儿照 的？
Zhè zhāng zhàopiàn shì zài nǎr zhào de?

（5）这 张 照片是夏天还是冬天照 的？
Zhè zhāng zhàopiàn shì xiàtiān háishì dōngtiān zhào de?

（6）这 张 照片是夏天还是冬天 照 的？
Zhè zhāng zhàopiàn shì xiàtiān háishì dōngtiān zhào de?

3. 根据例句改写句子
Rewrite the sentences according to the example

> E.g. 茶是在龙井买的,很好。→<u>在龙井买的茶很好</u>。

(1) 饭是妈妈做的,很好吃。　　　＿＿＿＿＿＿饭很好吃。
　　Fàn shì māma zuò de, hěn hǎochī.

(2) 饭是哥哥做的,不太好吃。　　＿＿＿＿＿＿饭不太好吃。
　　Fàn shì gēge zuò de, bú tài hǎochī.

(3) 茶是大阳送的,是新茶。　　　＿＿＿＿＿＿是新茶。
　　Chá shì Dàyáng sòng de, shì xīn chá.

(4) 茶是姐姐泡的,很好喝。　　　＿＿＿＿＿＿茶很好喝。
　　Chá shì jiějie pào de, hěn hǎo hē.

(5) 礼物是男朋友送我的,很漂亮。＿＿＿＿＿＿礼物很漂亮。
　　Lǐwù shì nán péngyou sòng wǒ de, hěn piàoliang.

4. 用"对身体有好处"或"对身体没有好处"完成下面的句子
Complete the senetences by using "对身体有好处"or "对身体没有好处"

(1) 每天 喝绿茶　　　　　＿＿＿＿＿＿＿。
　　Měi tiān hē lǜchá

(2) 每天 喝很多啤酒　　　＿＿＿＿＿＿＿。
　　Měi tiān hē hěnduō píjiǔ

(3) 每天 打球　　　　　　＿＿＿＿＿＿＿。
　　Měi tiān dǎ qiú

(4) 每天 吃蛋糕　　　　　＿＿＿＿＿＿＿。
　　Měi tiān chī dàngāo

(5) 每天 游泳　　　　　　＿＿＿＿＿＿＿。
　　Měi tiān yóu yǒng

他们是夏天来的 They came here in the summer

5. 用所给的数字回答下面的问题
Answer the following questions by using the given numbers

(1) A：你的手机用了几年了？　　　　　B：two or three years
　　　Nǐ de shǒujī yòng le jǐ nián le?

(2) A：你学了多少个汉字了？　　　　　B：three or four hundred
　　　Nǐ xué le duōshao ge Hànzì le?

(3) A：你去过几次英国？　　　　　　　B：four or five times
　　　Nǐ qù guo jǐ cì Yīngguó?

(4) A：你每天几点吃早饭？　　　　　　B：seven or eight
　　　Nǐ měi tiān jǐ diǎn chī zǎofàn?

(5) A：你每天几点回家？　　　　　　　B：six or seven
　　　Nǐ měi tiān jǐ diǎn huí jiā?

(6) A：这个村子有多少年历史？　　　　B：four or five thousand
　　　Zhège cūnzi yǒu duōshao nián lìshǐ?

6. 把"大概、左右"放在句子中正确的地方
Put "大概、左右" in the right places

(1) 汉字我认识200个。　　　　　　　　左右
　　　Hànzì wǒ rènshi èrbǎi ge.

(2) 我认识200个汉字。　　　　　　　　大概
　　　Wǒ rènshi èrbǎi ge Hànzì.

(3) 现在十点。　　　　　　　　　　　左右
　　　Xiànzài shí diǎn.

(4) 现在十点。　　　　　　　　　　　大概
　　　Xiànzài shí diǎn.

7. 根据你的实际情况用"是……的"句回答问题
Answer the following questions by using "是……的" structure according to real situations

(1) A：今天的早饭你是几点吃的？　　　B：
　　　Jīntiān de zǎofàn nǐ shì jǐ diǎn chī de?

(2) A：今天的早饭你是在哪儿吃的？　　B：
　　　Jīntiān de zǎofàn nǐ shì zài nǎr chī de?

(3) A：今天你是几点到学校的？　　　B：
　　　Jīntiān nǐ shì jǐ diǎn dào xuéxiào de?

(4) A：你的书是什么时候买的？　　　B：
　　　Nǐ de shū shì shénme shíhou mǎi de?

(5) A：你的书是在哪儿买的？　　　　B：
　　　Nǐ de shū shì zài nǎr mǎi de?

(6) A：你的书包是什么时候买的？　　B：
　　　Nǐ de shūbāo shì shénme shíhou mǎi de?

(7) A：你的手机是在哪儿买的？　　　B：
　　　Nǐ de shǒujī shì zài nǎr mǎi de?

(8) A：你的手机是什么时候买的？　　B：
　　　Nǐ de shǒujī shì shénme shíhou mǎi de?

8. 用所给的汉字填空　Fill in the blanks with the given words

(A)	的	片	名	想	的	夏	家	带	是	们
	de	piàn	míng	xiǎng	de	xià	jiā	dài	shì	men

大阳常常1_____他的朋友和2_____人。如果想他3_____了，他就看看照4_____，他爷爷奶奶是5_____天来这儿看他6_____。他们给他7_____了一些新绿茶，8_____在龙井村买9_____，龙井茶很有10_____。

(B)	礼	为	给	新	送	客	放	爷	对	处
	lǐ	wèi	gěi	xīn	sòng	kè	fàng	yé	duì	chù

大阳的爷1_____喝绿茶不喜欢2_____牛奶和糖。如果有3_____人来了，他就4_____他们泡一杯5_____茶。茶也是很好的6_____物。爷爷喜欢7_____朋友们绿茶，因8_____常常喝绿茶9_____身体有很多好10_____。

9. 课堂活动　Classroom activities

(1) Talk about Dayang's photo

(2) Talk about green tea

10. 听力练习　Listening comprehension

（1）A　在 长城　照 的　　　　B　在 龙井 照 的
　　　　zài Chángchéng zhào de　　　zài Lóngjǐng zhào de

（2）A　在 北京 买 的　　　　　B　在 上海 买 的
　　　　zài Běijīng mǎi de　　　　　zài Shànghǎi mǎi de

（3）A　放 牛奶　　　　　　　　B　放 糖
　　　　fàng niúnǎi　　　　　　　　fàng táng

（4）A　夏天 来 的　　　　　　　B　冬天 来 的
　　　　xiàtiān lái de　　　　　　　dōngtiān lái de

（5）A　喝 绿茶　　　　　　　　B　喝 红茶
　　　　hē lǜchá　　　　　　　　　hē hóngchá

11. 用所给的词语把下面的句子翻译成汉语
Translate the sentences into Chinese by using the given words

(1) Drinking green tea is good for health.　　　对……有好处
(2) He made a cup of tea for me.　　　　　　　泡茶
(3) I miss my family and friends very much.　　想
(4) The little boy is about 7 or 8 years old.　　　大概
(5) He has lived abroad for about 3 years.　　　左右

12. 写作练习（100个汉字左右） Writing exercise

选择一个题目：（1）大阳的爷爷喜欢喝茶
　　　　　　（2）我喜欢喝茶

Select one of the topics: (1) Dayang's grandfather likes tea
　　　　　　　　　　　(2) I like tea

二 语音练习 Pronunciation drills

朗读下面的词语 Read aloud the following words

1	2	3	4	5	6
刀子 dāozi	去年 qùnián	好处 hǎochù	有名 yǒu míng	买茶 mǎi chá	绿茶 lǜchá
杯子 bēizi	今年 jīnnián	好人 hǎorén	有钱 yǒu qián	泡茶 pào chá	红茶 hóngchá
筷子 kuàizi	明年 míngnián	好事 hǎoshì	有空儿 yǒu kòngr	喝茶 hē chá	花茶 huāchá

7 我们是坐飞机去的

Wǒmen shì zuò fēijī qù de

We went there by plane

课文 Text

(一)

李太太： 王太太，听说你去海边度假了。
Lǐ tàitai　　Wáng tàitai, tīngshuō nǐ qù hǎibiān dù jià le.

王太太： 是啊，是上个星期去的。
Wáng tàitai　　Shì a, shì shàng ge xīngqī qù de.

李太太： 是和家人一起去的吧？
Lǐ tàitai　　Shì hé jiārén yìqǐ qù de ba?

王太太： 当然，是和我先生、孩子们一起去的。
Wáng tàitai　　Dāngrán, shì hé wǒ xiānsheng, háizi men yìqǐ qù de.

李太太： 是坐火车去的吗？
Lǐ tàitai　　Shì zuò huǒchē qù de ma?

王太太： 不是，我们是坐飞机去的，飞了一万多公里！
Wáng tàitai　　Bú shì, Wǒmen shì zuò fēijī qù de, fēi le yí wàn duō gōnglǐ!

李太太： 飞机票你们是在哪儿买的？
Lǐ tàitai　　Fēijī piào nǐmen shì zài nǎr mǎi de?

王太太： 是在网上①买的，是我先生买的。
Wáng tàitai　　Shì zài wǎng shang mǎi de, shì wǒ xiānsheng mǎi de.

李太太： 饭店呢？
Lǐ tàitai　　Fàndiàn ne?

王太太： 饭店也是在网上订的。
Wáng tàitai　　Fàndiàn yě shì zài wǎng shang dìng de.

李太太： 饭店怎么样？
Lǐ tàitai　　Fàndiàn zěnmeyàng?

王太太： 很好，就在海边。
Wáng tàitai　　Hěnhǎo, jiù zài hǎibiān.

李太太： 孩子们喜欢那儿吗？
Lǐ tàitai　Háizi men xǐhuan nàr ma?

王太太： 他们都不想回家了。
Wáng tàitai　Tāmen dōu bù xiǎng huí jiā le.

（二）

王太太全家去海边度假了。他们的饭店就在海边，
Wáng tàitai quán jiā qù hǎibiān dù jià le. Tāmen de fàndiàn jiù zài hǎibiān,
外边就是沙滩。那是一家五星饭店，叫海边天堂，服务员
wàibian jiù shì shātān. Nà shì yì jiā wǔxīng fàndiàn, jiào Hǎibiān Tiāntáng, fúwùyuán
很友好，吃的也不错。孩子们喜欢吃西餐，他们觉得用刀
hěn yǒuhǎo, chī de yě búcuò. Háizi men xǐhuan chī xīcān, tāmen juéde yòng dāo
叉吃饭很有意思。天气很热，海边有很多人，有的和孩子
chā chī fàn hěn yǒu yìsi. Tiānqì hěn rè, hǎibiān yǒu hěn duō rén, yǒude hé háizi
们一起玩儿沙子，有的在沙滩上晒太阳。
men yìqǐ wánr shāzi, yǒude zài shātān shang shài tàiyang.

但是，王先生在饭店的房间里工作。王太太说："你
Dànshì, Wáng xiānsheng zài fàndiàn de fángjiān li gōngzuò. Wáng tàitai shuō: "Nǐ
是来度假的，不是来工作的，我们去钓鱼吧。"他们全家
shì lái dù jià de, bú shì lái gōngzuò de, wǒmen qù diào yú ba." Tāmen quán jiā
一起去了一个小岛，是坐小船去的。他们在那儿钓了
yìqǐ qù le yí ge xiǎo dǎo, shì zuò xiǎo chuán qù de. Tāmen zài nàr diào le
一些鱼。可是回饭店的时候，海上刮大风，船不能
yìxiē yú. Kěshì huí fàndiàn de shíhou, hǎi shang guā dàfēng, chuán bù néng
开，全家人只好在小岛上住了一天。
kāi, quán jiā rén zhǐhǎo zài xiǎo dǎo shang zhù le yì tiān.

我们是坐飞机去的 We went there by plane

(1)
Mrs. Li: Mrs. Wang, I've heard that you took a holiday at the seaside.
Mrs. Wang: Yes, I did it last week.
Mrs. Li: Did you go with the family?
Mrs. Wang: Of course. I went there with my husband and children.
Mrs. Li: Did you go there by train?
Mrs. Wang: No, we went there by plane and we flew for more than ten thousand kilometers.
Mrs. Li: Where did you buy the plane tickets?
Mrs. Wang: We bought them online. My husband did it.
Mrs. Li: And the hotel reservation?
Mrs. Wang: We did online booking, too.
Mrs. Li: How is the hotel?
Mrs. Wang: Very nice. It is just by the seaside.
Mrs. Li: Did the kids like it?
Mrs. Wang: They didn't want to come back home.

(2)
Mr. Wang and his family went to the seaside for a holiday. Their hotel is just by the seaside and the beach is just outside. It is a five-star hotel called Seaside Paradise. It has friendly attendants and nice food. The kids liked western food and they found it interesting to eat with fork and knife. The weather was hot and there were many people at the seaside, some were playing sand with their children, and some were sun bathing on the beach.

But Mr. Wang stayed in the hotel room working. Mrs. Wang said: "You came for holiday not for work, let's go fishing." Then the whole family went to a small island by a small boat and they did some fishing there. But when they were going back to the hotel, strong wind came to the sea. The whole family had to stay for a day on the small island.

新词语 New Words

1	海(边)	hǎi(biān)	n.	seaside
2	度假	dù jià	v.p.	to go for a holiday
	度	dù	v.	to spend time (for holiday)
3	万	wàn	num.	ten thousand
4	公里	gōnglǐ	n.	kilometer
	公	gōng	n.	metric system of length and weight
	里	lǐ	m.w.	a traditional Chinese unit of length (One li is 500 meters.)
5	网	wǎng	n.	net, internet
6	饭店	fàndiàn	n.	hotel
7	订	dìng	v.	to reserve (hotel room)
8	外边	wàibian	n.	outside
9	沙滩	shātān	n.	beach
10	五星	wǔ xīng		five-star (hotel)
	星	xīng	n.	star
11	天堂	tiāntáng	n.	paradise
	堂	táng	n.	big hall
12	服务员	fúwùyuán	n.	attendant
	服务	fúwù	v.	to serve
	员	yuán	n.	a person engaged in work or studies
13	友好	yǒuhǎo	adj.	friendly
14	西餐	xīcān	n.	western food
15	热	rè	adj.	hot
16	有的	yǒude	pron.	some

17	沙子	shāzi	n.	sand
18	晒太阳	shài tàiyang	v.p.	to sun bathe
	晒	shài	v.	be exposed to the sun
	太阳	tàiyang	n.	the sun
19	钓鱼	diào yú	v.p.	to go fishing
	钓	diào	v.	to fish with a hook and line
20	岛	dǎo	n.	island
21	船	chuán	n.	boat, ship
22	只好	zhǐhǎo	adv.	be forced to (without alternatives)

注释 NOTES

① 在网上　on the internet

语法 Grammar

1. "是……的"句(二)　Sentences with "是……的" (2)

(1) 是……的"句可用来说明已发生的事情,常强调事情发生的方式、目的或施事者。说明或强调动作的目的时,动词前常有"来"或"去"。

"是……的" sentence structure indicates how or why or by whom an action was completed. To emphasize on the purpose of an action, "来"or"去" is placed before the verb.

(2) 否定式是将"不"放在"是……的"结构之前。

The negative form is made by placing "不" before "是……的".

(3) 在对话中,"是……的"句中的"是"可以省略。

In "是……的" sentence, "是"can be omitted in spoken dialogues.

(1)
	我	是		坐飞机	来	的。
	我	是	来	度假		的。
飞机票		是	我先生	买的		的。

(2)	我	不是		坐飞机 来	的。
	我	不是	来	度假	的。
(3)	我			坐飞机 来	的。

2. "……的时候"

"……的时候"表示时间,相当于英语的"When..."

"……的时候" indicates time, which is similar to "When..." in English.

(1)	他	看汉语书的时候,	(他)	用词典。
(2)	(他)	喝咖啡的时候	他	放牛奶。

练习 Exercises

1. 课文问答练习 Questions and answers on the text

(一)

(1) 王 太太去哪儿度假了?
　　Wáng tàitai qù nǎr dù jià le?

(2) 她是和谁一起去的?
　　Tā shì hé shéi yìqǐ qù de?

(3) 他们是什么时候去的?
　　Tāmen shì shénme shíhou qù de?

(4) 他们是怎么去的?
　　Tāmen shì zěnme qù de?

(5) 他们飞了多少公里?
　　Tāmen fēi le duōshao gōnglǐ?

(6) 飞机票是在哪儿买的?
　　Fēijīpiào shì zài nǎr mǎi de?

(7) 飞机票是谁买的?
　　Fēijīpiào shì shéi mǎi de?

(8) 饭店是在哪儿订的?
　　Fàndiàn shì zài nǎr dìng de?

(9) 饭店叫什么名字? 在哪儿?
　　Fàndiàn jiào shénme míngzi? Zài nǎr?

（10）孩子们 喜欢那儿吗？
　　　Háizi men xǐhuan nàr ma?

（二）

（1）他们 的饭店在哪儿？
　　 Tāmen de fàndiàn zài nǎr?

（2）那个 饭店 是 四星饭店 吗？
　　 Nàge fàndiàn shì sìxīng fàndiàn ma?

（3）服务员 怎么样？吃的 怎么样？
　　 Fúwùyuán zěnmeyàng? Chī de zěnmeyàng?

（4）孩子们为 什么 喜欢吃西餐？
　　 Háizi men wèi shénme xǐhuan chī xīcān?

（5）天气 怎么样？
　　 Tiānqì zěnmeyàng?

（6）人们 在沙滩 上 干 什么？
　　 Rénmen zài shātān shang gàn shénme?

（7）王 先生 全 家是 怎么 去小 岛 的？
　　 Wáng xiānsheng quán jiā shì zěnme qù xiǎo dǎo de?

（8）他们 在 那儿干 什么 了？
　　 Tāmen zài nàr gàn shénme le?

（9）他们 回饭店的 时候，船 为什么 不能 开？
　　 Tāmen huí fàndiàn de shíhou, chuán wèi shénme bù néng kāi?

（10）他们 在小 岛 上 住了多 长 时间？
　　 Tāmen zài xiǎo dǎo shang zhù le duō cháng shíjiān?

2. 根据图片完成下面的对话
Complete the following dialogues according to the pictures

（1）A：他是 怎么 去 中国 的？
　　　　Tā shì zěnme qù Zhōngguó de?

　　　B：

(2) A：他是怎么去上海的？
　　　Tā shì zěnme qù Shànghǎi de?
　　B：

(3) A：他是怎么去度假的？
　　　Tā shì zěnme qù dù jià de?
　　B：

(4) A：昨天他是怎么来学校的？
　　　Zuótiān tā shì zěnme lái xuéxiào de?
　　B：

(5) A：昨天他是怎么回家的？
　　　Zuótiān tā shì zěnme huí jiā de?
　　B：

3. 根据所给的词语用"只好"完成下面的句子
Complete the following sentences by using "只好" according to the given words

(1) 他不会用筷子，_____。(刀叉 dāo chā)
　　Tā bú huì yòng kuàizi,

(2) 他不会说汉语，_____。(英语 Yīngyǔ)
　　Tā bú huì shuō Hànyǔ,

(3) 这儿没有咖啡，_____。(茶 chá)
　　Zhèr méiyǒu kāfēi,

(4) 他的手机丢了，_____。(买一个新的 mǎi yí ge xīn de)
　　Tā de shǒujī diū le,

(5) 那儿没有西餐，_____。(中餐 zhōngcān)
　　Nàr méiyǒu xīcān,

(6) 没有火车，_____。(飞机 fēijī)
　　Méiyǒu huǒchē,

4. 根据英语用"……的时候"完成下面的句子
Complete the following sentences by using "……的时候" based on English

(1) _____，　　火车 已经开了。
　　(When we arrived at the railway station,)　huǒchē yǐjīng kāi le.

(2) _____，　　我得用 词典。
　　(When I read a book in Chinese,)　wǒ děi yòng cídiǎn.

(3) _____，　　他放 糖 和牛奶。
　　(When he drinks coffee,)　tā fàng táng hé niúnǎi.

(4) _____，　　他用 筷子。
　　(When he eats Chinese food,)　tā yòng kuàizi.

(5) _____，　　我认识了很多 中国 朋友。
　　(When I was in China,)　wǒ rènshi le hěn duō Zhōngguó péngyou.

5. 根据例句用所给的词语完成下面的句子
Complete the following sentences according to the example

> E.g. 公园里有很多人,(晒太阳,看书) →
> 　　 公园里有很多人,有的(人)晒太阳,有的(人)看书。

(1) 海边 有很多人，　　　　(玩儿沙子,晒 太阳,钓鱼……)
　　Hǎibiān yǒu hěn duō rén,　　wánr shāzi, shài tàiyang, diào yú

(2) 咖啡馆儿 里有很多 人，　　(喝咖啡,聊天儿 ……)
　　Kāfēiguǎnr li yǒu hěn duō rén,　hē kāfēi, liáo tiānr

(3) 酒吧里有很 多人，　　(喝酒,聊天 ……)
　　Jiǔbā li yǒu hěn duō rén,　hē jiǔ, liáo tiānr

(4) 图书馆 里有很多 人，　　(看 书,上网……)
　　Túshūguǎn li yǒu hěn duō rén,　kàn shū, shàng wǎng

(5) 商 店里有很多 人，　　(买 衬衫,买裤子,买 裙子……)
　　Shāngdiàn li yǒu hěn duō rén,　mǎi chènshān, mǎi kùzi, mǎi qúnzi

(6) 大 学里有很多 外国 学生，(是英国人,美国人……)
　　Dàxué li yǒu hěn duō wàiguó xuéshēng,　Yīngguórén, Měiguórén

6. 根据实际情况用"是……的"句回答下面的问题
Use "是……的" sentences to answer the following questions according to real situations

（1）A：今天你是怎么来学校的？　　　　　B：
　　　Jīntiān nǐ shì zěnme lái xuéxiào de?

（2）A：你是一个人来学校的吗？　　　　　B：
　　　Nǐ shì yí ge rén lái xuéxiào de ma?

（3）A：你去过英国吗？你是怎么去的？　　B：
　　　Nǐ qù guo Yīngguó ma? Nǐ shì zěnme qù de?

（4）A：你是一个人去的吗？　　　　　　　B：
　　　Nǐ shì yí ge rén qù de ma?

（5）A：你去过法国吗？你是怎么去的？　　B：
　　　Nǐ qù guo Fǎguó ma? Nǐ shì zěnme qù de?

（6）A：你喜欢吃中餐还是西餐？　　　　　B：
　　　Nǐ xǐhuan chī zhōngcān háishì xīcān?

（7）A：你喜欢去海边度假吗？为什么？　　B：
　　　Nǐ xǐhuan qù hǎibiān dù jià ma? Wèi shénme?

（8）A：你喜欢住五星饭店吗？为什么？　　B：
　　　Nǐ xǐhuan zhù wǔxīng fàndiàn ma? Wèi shénme?

7. 用所给的汉字填空　Fill in the blanks with the given words

(A)	票	星	度	的	和	订	务	坐	天	的
	piào	xīng	dù	de	hé	dìng	wù	zuò	tiān	de

王先生、王太太1＿＿＿孩子们去海边2＿＿＿假了。他们是3＿＿＿飞机去的。机4＿＿＿是在网上买5＿＿＿，饭店是在网上6＿＿＿的。饭店是五7＿＿＿的，名字叫"海边8＿＿＿堂"。饭店的服9＿＿＿员很友好，吃10＿＿＿也不错。

（B） 的 鱼 就 刀 太 服 坐 西 沙 岛
　　　de　yú　jiù　dāo　tài　fú　zuò　xī　shā　dǎo

那个饭店 1____ 在海边，饭店的 2____ 务很好。孩子们爱吃 3____ 餐，他们喜欢用 4____ 叉吃饭。海边的 5____ 滩有很多人，有 6____ 玩儿沙子，有的晒 7____ 阳。海上有一个 8____，很多人喜欢 9____ 船去那儿钓 10____。

8. 课堂活动　Classroom activities

Talk about Mr. Wang's trip or your trip with the help of the following pictures.

9. 听力练习　Listening comprehension

(1) A　去 工作　　　　B　去 度假
　　　　qù gōngzuò　　　　qù dù jià

(2) A　是 五 星 的　　B　是 四 星 的
　　　　shì wǔ xīng de　　shì sì xīng de

(3) A　好吃　　　　　B　有 意 思
　　　　hǎochī　　　　　yǒu yìsi

(4) A　坐 飞 机　　　B　坐 船
　　　　zuò fēijī　　　　zuò chuán

(5) A　打 电 话　　　B　用 电 脑
　　　　dǎ diànhuà　　　yòng diànnǎo

10. 用所给的词语把下面的句子翻译成汉语
Translate the sentences into Chinese by using the given words

(1) I am going for a holiday tomorrow.　　　度假
(2) There was no train and they had to go by bus.　　只好
(3) Some people like green tea, some like black tea.　　有的……，有的……

(4) He likes travelling by train.　　　　坐

(5) He came to work not to have a holiday.　　是……的

11. 写作练习（100个汉字左右）　Writing exercise

题目：王先生一家人的旅行

Topic: The trip of Mr. Wang's family

二 语音练习　Pronunciation drills

朗读下面的词语　Read aloud the following words

1	2	3	4	5	6
度假 dù jià	全家 quán jiā	饭店 fàndiàn	一点儿 yìdiǎnr	西餐 xīcān	坐火车 zuò huǒchē
放假 fàng jià	大家 dàjiā	商店 shāngdiàn	一起 yìqǐ	中餐 zhōngcān	坐飞机 zuò fēijī
有假 yǒu jià	回家 huí jiā	书店 shūdiàn	一些 yìxiē	快餐 kuàicān	坐船 zuò chuán

8 他唱得很认真
Tā chàng de hěn rènzhēn
He sings seriously

课文 Text

(一)

马可： 小文，在想什么呢？
Mǎkě　　Xiǎowén, zài xiǎng shénme ne?

小文： 我在想一个重要的问题。
Xiǎowén　Wǒ zài xiǎng yí ge zhòngyào de wèntí.

马可： 什么问题？
Dàyáng　Shénme wèntí?

小文： 我在想，我离30岁不远了，还要学许多东西。
Xiǎowén　Wǒ zài xiǎng, wǒ lí sānshí suì bù yuǎn le, hái yào xué xǔduō dōngxi.

马可： 中国有一句老话：活到老，学到老。
Mǎkě　Zhōngguó yǒu yí jù lǎohuà: huó dào lǎo, xué dào lǎo.

小文： 是啊，现在我爸爸妈妈六十多了①，正在学电脑。
Xiǎowén　Shì a, xiànzài wǒ bàba māma liùshí duō le, zhèngzài xué diànnǎo.

马可： 那你还想学什么？
Mǎkě　Nà nǐ hái xiǎng xué shénme?

小文： 我还想学一门外语，还有，想学打网球。
Xiǎowén　Wǒ hái xiǎng xué yì mén wàiyǔ, háiyǒu, xiǎng xué dǎ wǎngqiú.

马可： 打网球是我的爱好。我打得很好，可以教你。
Mǎkě　Dǎ wǎngqiú shì wǒ de àihào. Wǒ dǎ de hěn hǎo, kěyǐ jiāo nǐ.

小文： 那太好了。我还想学滑雪。
Xiǎowén　Nà tài hǎo le. Wǒ hái xiǎng xué huáxuě.

马可： 我爸爸可以教你，他滑得很好。
Mǎkě　Wǒ bàba kěyǐ jiāo nǐ, tā huá de hěn hǎo.

小文: 你爸爸？他六十多了，还滑雪？
Xiǎowén Nǐ bàba? Tā liùshí duō le, hái huáxuě?

马可: 你不相信吗？我朋友的爷爷八十多了，还常常去滑雪呢！
Mǎkě Nǐ bù xiāngxìn ma? Wǒ péngyǒu de yéye bāshí duō le, hái chángcháng qù huáxuě ne!

小文: 真的？太棒了。还有，我还想学画画儿。
Xiǎowén Zhēnde? Tài bàng le. Hái yǒu, wǒ hái xiǎng xué huà huàr.

马可: 我妹妹画得很好，她可以教你。
Mǎkě Wǒ mèimei huà de hěn hǎo, tā kěyǐ jiāo nǐ.

小文: 我还想学游泳。我游得不太好。
Xiǎowén Wǒ hái xiǎng xué yóuyǒng. Wǒ yóu de bú tài hǎo.

马可: 那，我想想，对了，我家里也有游泳老师。
Mǎkě Nà, wǒ xiǎngxiang, duìle, wǒ jiā li yě yǒu yóuyǒng lǎoshī.

小文: 是谁？他游得怎么样？
Xiǎowén Shì shéi? Tā yóu de zěnmeyàng?

马可: 我家的金鱼，游得好极了！
Mǎkě Wǒ jiā de jīnyú, yóu de hǎo jí le!

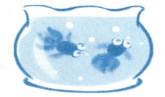

（二）

中国有一句老话：活到老，学到老。马可和大卫正在学汉语，小文的爸爸妈妈也正在学电脑。小文英语学得不错，篮球打得很好。现在，小文还想学滑雪，请马可的爸爸教她。

Zhōngguó yǒu yí jù lǎohuà: huó dào lǎo, xué dào lǎo. Mǎkě hé Dàwèi zhèngzài xué Hànyǔ, Xiǎowén de bàba māma yě zhèngzài xué diànnǎo. Xiǎowén Yīngyǔ xué de búcuò, lánqiú dǎ de hěn hǎo. Xiànzài, Xiǎowén hái xiǎng xué huáxuě, qǐng Mǎkě de bàba jiāo tā.

他唱得很认真 He sings seriously

马可的爸爸是个很有意思的人,他的爱好很多,滑雪
Mǎkě de bàba shì ge hěn yǒu yìsi de rén, tā de àihào hěn duō, huáxuě
滑得好极了,能滑十公里。马可家离滑雪的地方五六公
huá de hǎo jí le, néng huá shí gōnglǐ. Mǎkě jiā lí huáxuě de dìfang wǔliù gōng
里,很近。到了冬天,马可的爸爸常常去滑雪。他说,要
lǐ, hěn jìn. Dào le dōngtiān, Mǎkě de bàba chángcháng qù huáxuě. Tā shuō, yào
"活到老,滑到老"。他也喜欢唱歌,唱歌是他最大的爱
"huó dào lǎo, huá dào lǎo". Tā yě xǐhuan chàng gē, chàng gē shì tā zuì dà de ài
好。可是妈妈说,他唱歌唱得不太好听。有一天,他在
hào. Kěshì māma shuō, tā chàng gē chàng de bú tài hǎotīng. Yǒu yì tiān, tā zài
唱歌,唱得很认真,妈妈叫他吃饭,他没听见,妈妈开玩
chàng gē, chàng de hěn rènzhēn, māma jiào tā chī fàn, tā méi tīngjiàn, māma kāi wán
笑,说:"看起来,你要滑到老,还要唱到老。"
xiào, shuō:" Kàn qǐlai, nǐ yào huá dào lǎo, hái yào chàng dào lǎo."

(1)

Mark: Xiaowen, what are you thinking about?
Xiaowen: I am thinking about something important.
Mark: What is it?
Xiaowen: I am thinking that I am very close to my thirties and still have many things to learn.
Mark: There is an old saying in China, "Learn as long as one lives."
Xiaowen: Right. My father and mother are now over sixty and they are still learning how to use computer.
Mark: What do you still want to learn then?
Xiaowen: I still want to learn a foreign language.Besides, I want to learn to play tennis.
Mark: Tennis is my hobby and I'm good at it. I can teach you.
Xiaowen: That is great! I also want to learn to ski.
Mark: My father can teach you.He is very good at skiing.
Xiaowen: Your father? He is over sixty and he still skis?
Mark: You don't believe it, do you? My friend's grandfather is over 80 and he still skis in winter!
Xiaowen: Really? That is great. I also want to learn drawing.
Mark: My sister is good at painting. She can teach you.

Xiaowen: I also want to learn swimming. I am not very good at it.
Mark: Well then... Let me think about it. Right! We have a swimming teacher at home.
Xiaowen: Who is it? How well can he swim?
Mark: Our gold fish. They are excellent swimmers.

(2)

There is an old saying in China: "Learn as long as one lives." Mark and David are learning Chinese. Xiaowen's father and mother are learning how to use computer. Xiaowen is good with her English studies and she is very good at playing basketball. Now she also wants to learn skiing and wants to ask Mark's father to teach her.

Mark's father is an interesting person. He has many hobbies. He is extremely good at skiing and he can ski for ten kilometres. Mark's home is very close to a skiing resort, only five or six kilometres away. When winter comes, Mark's father skies a lot. He says, "I will ski as long as I live." He often sings, too. Singing is his favourite hobby. However, Mark's mother says that he doesn't sing very well. One day he was singing so seriously that he didn't hear when Mark's mother asked him to have dinner. Mark's mother said jokingly: "It seems that you will ski and sing as long as you live."

新词语 New Words

1	唱	chàng	v.	to sing
2	认真	rènzhēn	adj.	serious, seriously
3	重要	zhòngyào	adj.	important
4	离	lí	prep.	from
5	远	yuǎn	adj.	far
6	许多	xǔduō	adj.	many
7	句	jù	m.w.	measure word (sentence)
8	老话	lǎohuà	n.	old saying
	话	huà	n.	words (in a sentence)

他唱得很认真 He sings seriously

9	活	huó	v.	to live
10	正在	zhèngzài	adv.	just (progressing)
11	门	mén	m.w./n.	measure word (language); door, gate
12	外语	wàiyǔ	n.	foreign language
13	网球	wǎngqiú	n.	tennis
14	爱好	àihào	n./v.	hobby; to like (something) as a hobby
	好	hào	v.	to like (as a hobby)
15	得	de	part.	particle connecting predicate and complements
16	滑雪	huá xuě	v.p.	to ski
	雪	xuě	n.	snow
17	相信	xiāngxìn	v.	to believe
18	棒	bàng	adj.	incredibly good
19	画画儿	huà huàr	v.p.	to draw a picture
	画	huà	v.	to draw
	画儿	huàr	n.	picture, painting
20	金鱼	jīnyú	n.	gold fish
	金	jīn	n.	gold
21	极	jí	adv.	extremely
22	篮球	lánqiú	n.	basketball
	篮(子)	lán	n.	basket
23	唱歌	chàng gē	v.p.	to sing (a song)
24	听见	tīngjiàn	v.	to hear
25	看起来	kàn qilai	v.p.	It seems….

注释 NOTES

① "六十多了": To tell age, "岁" can be omitted when the number is over ten, e.g. 他十五了,他六十了。

语法 Grammar

1. "在"、"正在"、"在(正在)……呢"

(1) "在"、"正在"放在句子的动词前,表示动作正在进行中。语气上,"正在"比"在"更强调要说明的时间。

"在" or "正在" is placed before a verb to indicate that an action is in process. "正在" is more emphatic than "在" on the mentioned time.

(2) "呢"位于句子末尾,也可以表示动作正在进行,这种用法在日常口语中更多见。"在(正在)"和"呢"可以同时出现在同一句子里。

The word "呢" at the end of the sentence has the same function of indicating an ongoing action. It is common in spoken language. "在(正在)" and "呢" can appear at the same time in a sentence.

(3) 否定的方式是把"没有"放在动词前,或者单独用"没有"回答。

"没有" is placed before a verb or is used independently to make a negative form.

(1)	我	在	唱歌。		
	我	正在	唱歌。		
(2)	我		唱歌	呢。	
	我	(正)在	唱歌	呢。	
(3)	A: 你	在	看书	吗?	B: 我没在看书。/没有。

2. 程度补语(一) 形容词+极了　Complements of degree (1) Adj+极了

形容词的后边加上补语"极了",表示程度非常高。

"极了" is placed after an adjective as a complement to indicate a very high degree.

(1)	金鱼游得	好	极了!
(2)	这个女孩儿	漂亮	极了!
(3)	冬天	冷	极了!
(4)	这本书	好看	极了!

3. 程度补语(二) 动词+得　Complements of degree (2) V+得

"动词+得+……" 表示动作效果好坏的程度。
"V +得+……" indicates degree of how effective an action is.

（1）"得"是补语的标志(读轻声)，位于动词或形容词后边连接补语。"得"后的补语可以对动作结果进行评价、说明动作的状态或程度(常常含有"很、非常"等程度词)，构成"V+得很好/非常好/好极了"等句式。
"得" is a marker of complement(pronounced in neutral tone). It is placed after a verb or an adjective to connect complements which comment on the result of an action or explain the situation or the degree of an action. (Words indicating degrees such as"很、非常" are often used.) The structure is "V +得很好/非常好/好极了".

（2）否定方式是在"得"后面加"不"。
The negative form is made by placing "不" after "得".

(1)	我会打网球，我打	得	很好。
	他会滑雪，他滑	得	好极了。
(2)	我想学游泳，我游	得	不太好。

（3）如果句子里的动词带有宾语，需要在宾语后重复句中的动词，构成以下句式：
If a verb takes an object in this type of sentence, the verb must be repeated after the object. The structure is:

S+V+O+V+得……

这类句子中动词的宾语也可以位于句首，或位于主语之后。例如：
The object of the verb can also be placed at the beginning of the sentence or after the subject.

(3)	他	滑	雪	滑	得好极了。	
	篮球她			打	得很好。	
	她英语			说	得不错。	
	A: 他们	滑	雪	滑	得好吗？	B: 他们滑雪滑得很好。
	A: 他们	滑	雪	滑	得怎么样？	

4. "离"表示距离   "离" indicating distance

"离"放在地点或其他名词前边,构成"A 离 B(远/近/数量词)"格式,表示距离。

"离" is placed before words of locations or other nouns to indicate distance. The structure is "A 离 B(far/near, numeral measure words)".

(1)	他家	离	滑雪的地方	不远/很近。
(2)	他家	离	滑雪的地方	五六公里。
(3)	我	离	三十岁	不远了。

⚠ 注意 Attention!

"离"表示距离,"从"表示出发点,两个词表达功能不一样。错误的句子:✗ 学校从我家很近。正确的句子:✓ 学校离我家很近。

"离" indicates distance while "从" indicates a departing site. The two words cannot be mixed up. Wrong sentence: ✗ 学校从我家很近。 Correct sentence: ✓ 学校离我家很近。

➔ 练习   Exercises

1. 课文问答练习   Questions and answers on the text

(一)

(1) 小文 在想 什么 问题?
Xiǎowén zài xiǎng shénme wèntí?

(2) 中国 有一句 老话 是什么?
Zhōngguó yǒu yí jù lǎohuà shì shénme?

(3) 小文 的爸爸妈妈 正在 学什么?
Xiǎowén de bàba māma zhèngzài xué shénme?

(4) 马可的爱好是 什么?
Mǎkě de àihào shì shénme?

(5) 马可的爸爸 滑雪 滑 得怎么样?
Mǎkě de bàba huáxuě huá de zěnmeyàng?

(6) 马可的 妹妹 画画儿画得 怎么样?
Mǎkě de mèimei huà huàr huà de zěnmeyàng?

(7) 小文 游泳 游 得好吗?
Xiǎowén yóuyǒng yóu de hǎo ma?

(8) 谁 可以 "教" 小文 游泳？
　　 Shéi kěyǐ "jiāo" Xiǎowén yóu yǒng?

（二）

(1) 马可和大卫正在 学 什么？
　　 Mǎkě hé Dàwèi zhèngzài xué shénme?

(2) 小文 英语学 得 怎么样？
　　 Xiǎowén Yīngyǔ xué de zěnmeyàng?

(3) 小文 打篮球打得怎么样？
　　 Xiǎowén dǎ lánqiú dǎ de zěnmeyàng?

(4) 马可爸爸的爱好是什么？
　　 Mǎkě bàba de àihào shì shénme?

(5) 马可的爸爸唱歌 唱得 怎么样？
　　 Mǎkě de bàba chàng gē chàng de zěnmeyàng?

(6) 马可的爸爸 常常 说 什么？
　　 Mǎkě de bàba chángcháng shuō shénme?

(7) 妈妈叫爸爸吃饭,爸爸没听见,为什么？
　　 Māma jiào bàba chī fàn, bàba méi tīngjiàn, wèi shénme?

(8) 妈妈开玩笑,说 什么？
　　 Māma kāi wánxiào, shuō shénme?

2. 根据例句和所给的英语完成下面的句子　Complete the sentences according to the example and the given English

　　大阳的狗聪明极了！(extremely clever)

(1) 林达的猫 ＿＿＿＿＿＿＿＿＿＿＿＿＿＿！
　　 Líndá de māo　　　(extremely beautiful)

(2) 马可的鸟 ＿＿＿＿＿＿＿＿＿＿＿＿＿＿！
　　 Mǎkě de niǎo　　　(extremely clever)

(3) 那个小女孩儿 ＿＿＿＿＿＿＿＿＿＿＿＿＿＿！
　　 Nàge xiǎo nǚháir　　(extremely lovely)

(4) 这个 民歌 ＿＿＿＿＿＿＿＿＿＿＿＿＿！
　　　Zhège míngē   (extremely nice)

(5) 妈妈 做 的 饭 ＿＿＿＿＿＿＿＿＿＿＿＿＿！
　　　Māma zuò de fàn   (extremely delicious)

(6) 这儿的 春天 ＿＿＿＿＿＿＿＿＿＿＿＿＿！
　　　Zhèr de chūntiān   (extremely warm)

(7) 这儿的 冬天 ＿＿＿＿＿＿＿＿＿＿＿＿＿！
　　　Zhèr de dōngtiān   (extremely cold)

(8) 这儿的 夏天 ＿＿＿＿＿＿＿＿＿＿＿＿＿！
　　　Zhèr de xiàtiān   (extremely hot)

3. 根据例句完成句子　Complete the sentences according to the example

> 他学汉语学得很好。

(1) 他 说 汉语 ＿＿＿＿＿＿＿＿＿＿＿＿＿。
　　　Tā shuō Hànyǔ

(2) 他 写 汉字 ＿＿＿＿＿＿＿＿＿＿＿＿＿。
　　　Tā xiě Hànzì

(3) 他 做 饭 ＿＿＿＿＿＿＿＿＿＿＿＿＿。
　　　Tā zuòfàn

(4) 你 滑雪 ＿＿＿＿＿＿＿＿＿＿＿＿＿。
　　　Nǐ huáxuě

(5) 她 唱歌 ＿＿＿＿＿＿＿＿＿＿＿＿＿。
　　　Tā chànggē

(6) 我 打 网球 ＿＿＿＿＿＿＿＿＿＿＿＿＿。
　　　Wǒ dǎ wǎngqiú

(7) 妹妹 画画儿 ＿＿＿＿＿＿＿＿＿＿＿＿＿。
　　　Mèimei huàhuàr

(8) 他们 游泳 ＿＿＿＿＿＿＿＿＿＿＿＿＿。
　　　Tāmen yóuyǒng

4. 根据例句造句　Make sentences according to the example

> 西安　上海　远 → 西安离上海很远。

(1)　他家　　　　滑雪的地方　　　近
　　 Tā jiā　　　 huáxuě de dìfang　 jìn

　　_____。

(2)　我家　　　　医院　　　　　　远
　　 wǒ jiā　　　 yīyuàn　　　　　yuǎn

　　_____。

(3)　这儿　　　　市中心　　　　　不远
　　 zhèr　　　　shì zhōngxīn　　 bù yuǎn

　　_____。

(4)　学校　　　　商店　　　　　　不近
　　 xuéxiào　　 shāngdiàn　　　　bú jìn

　　_____。

(5)　我家　　　　火车站　　　　　二十公里
　　 wǒ jiā　　　 huǒchēzhàn　　　èrshí gōnglǐ

　　_____。

(6)　北京　　　　上海　　　　　　一千多公里
　　 Běijīng　　　Shànghǎi　　　　yì qiān duō gōnglǐ

　　_____。

5. 根据例句和图片会话
Make dialogues according to the example with the help of the pictures

> A: 他/她/他们在干什么呢?
> B: 他/她/他们在看书呢。(看书)

(1) A: _____? 　　(上课)
　　　　　　　　　　　　　　shàngkè

　　B: _____。

(2) A: _____? (写汉字)
　　　　　　　　　　　xiě Hànzì

　　B: _____。

(3) A: _____? (画画儿)
　　　　　　　　　　　huà huàr

　　B: _____。

(4) A: _____? (吃饭)
　　　　　　　　　　　chī fàn

　　B: _____。

(5) A: _____? (学电脑)
　　　　　　　　　　　xué diànnǎo

　　B: _____。

(6) A: _____? (喝茶)
　　　　　　　　　　　hē chá

　　B: _____。

(7) A: _____? (教汉字)
　　　　　　　　　　　jiāo Hànzì

　　B: _____。

(8) A: _____? (钓鱼)
　　　　　　　　　　　diào yú

　　B: _____。

6. 根据实际情况回答下面的问题
Complete the following dialogues according to real situations

(1) A：你现在正在学习什么？
　　　Nǐ xiànzài zhèngzài xuéxí shénme?

(2) A：你正在上课吗？
　　　Nǐ zhèngzài shàngkè ma?

(3) A：你游泳游得好吗？
　　　Nǐ yóuyǒng yóu de hǎo ma?

(4) A：你滑雪 滑 得好吗？
　　　Nǐ huáxuě huá de hǎo ma?

(5) A：你 画画儿画得好吗？
　　　Nǐ huà huàr huà de hǎo ma?

(6) A：你唱歌 唱 得好吗？
　　　Nǐ chàng gē chàng de hǎo ma?

(7) A：你说 汉语 说 得 怎么样？
　　　Nǐ shuō Hànyǔ shuō de zěnmeyàng?

(8) A：你汉字写得 怎么样？
　　　Nǐ Hànzì xiě de zěnmeyàng?

(9) A：你 做 饭 做 得 怎么样？
　　　Nǐ zuò fàn zuò de zěnmeyàng?

(10) A：网球 你打得怎么样？
　　　Wǎngqiú nǐ dǎ de zěnmeyàng?

7. 用所给的汉字填空　Fill in the blanks with the given words

(A)	老	许	在	快	正	电	网	门	句	要
	lǎo	xǔ	zài	kuài	zhèng	diàn	wǎng	mén	jù	yào

我 1____ 想一个很重 2____ 的问题：我三十了，还要学 3____ 多东西。中国有一 4____ 老话，是"活到 5____，学到老"。马可 6____ 在学汉语，他妈妈 7____ 六十了，正在学 8____ 脑。我还想学一 9____ 外语，还想学打 10____ 球。

(B)	唱	歌	大	得	有	认	雪	笑	好	吃
	chàng	gē	dà	de	yǒu	rèn	xuě	xiào	hào	chī

马可的爸爸是个很 1____ 意思的人，他的爱 2____ 很多，滑雪滑 3____ 好极了，还喜欢 4____ 歌。冬天他常去滑 5____。他也常常唱 6____，唱歌是他最 7____ 的爱好。他唱得很 8____ 真，常常忘记 9____ 饭。妈妈开玩 10____，说："你滑到老，也唱到老！"

8. 课堂活动   Classroom activities

diào yú   kàn shū   dǎ wǎngqiú   huáxuě   huà huàr   chànggē   yóuyǒng   dǎ lánqiú

(1) Ask about the hobbies of your classmates and the hobbies of their family members. Ask about how skillful they can do the hobbies and make comments on how well you can do it yourself.

(2) Ask and answer how far it is from your place to school, railway station, bus stop, shop, library, city center etc.

9. 听力练习   Listening comprehension

(1) A 汉语   B 英语
       Hànyǔ   Yīngyǔ

(2) A 很 远   B 不远
       hěn yuǎn   bù yuǎn

(3) A 打 电话   B 等 朋友
       dǎ diànhuà   děng péngyou

(4) A 很 认真   B 很 好
       hěn rènzhēn   hěn hǎo

(5) A 鱼   B 花儿
       yú   huār

10. 用所给的词把下面的句子翻译成汉语
Translate the sentences into Chinese by using the given words

(1) He is very good at playing tennis.   打网球
(2) He is not good at singing.   唱歌
(3) Shanghai is far away from Beijing.   离
(4) She speaks very good English.   得(de)
(5) What is your hobby?   爱好

11. 写作练习（100个汉字左右）　Writing exercise

题目：我的爱好
Topic: My hobby (Try to use "adj.+极了"/"v.+得……")

语音练习 Pronunciation drills

朗读下面的词语　Read aloud the following words

1	2	3	4	5	6
网球 wǎngqiú	爱好 àihào	唱歌 chàng gē	金鱼 jīnyú	听见 tīngjiàn	好极了 hǎo jí le
篮球 lánqiú	爱人 àiren	民歌 míngē	小鱼 xiǎo yú	看见 kànjiàn	棒极了 bàng jí le
足球 zúqiú	爱国 ài guó	国歌 guógē	大鱼 dà yú	再见 zàijiàn	远极了 yuǎn jí le

9 你比我高
Nǐ bǐ wǒ gāo
You are taller than me

➡ 课文 *Text*

Xiaowen wants to take a book from the top of the bookshelf. The bookshelf is so high that she has to ask Mark for help.

(一)

小文：马可，你比我高，帮我拿那本书，好吗？
Xiǎowén　　Mǎkě, nǐ bǐ wǒ gāo, bāng wǒ ná nà běn shū, hǎo ma?

马可：好。你说我高，我很高兴。你知道吗，大卫比
Mǎkě　　Hǎo. Nǐ shuō wǒ gāo, wǒ hěn gāoxìng. Nǐ zhīdao ma, Dàwèi bǐ

　　　我更高。
　　　wǒ gèng gāo.

小文：大卫多高？
Xiǎowén　　Dàwèi duō gāo?

马可：他一米八六，我比他矮。
Mǎkě　　Tā yì mǐ bā liù, wǒ bǐ tā ǎi.

小文：大卫和你都比我高。
Xiǎowén　　Dàwèi hé nǐ dōu bǐ wǒ gāo.

马可：我们常常打篮球，也常常踢足球。
Mǎkě　　Wǒmen chángcháng dǎ lánqiú, yě chángcháng tī zúqiú.

小文：我听说大卫是个足球迷。
Xiǎowén　　Wǒ tīngshuō Dàwèi shì ge zúqiú mí.

马可：是啊，他足球踢得比我好。
Mǎkě　　Shì a, tā zúqiú tī de bǐ wǒ hǎo.

小文：打网球呢？
Xiǎowén　　Dǎ wǎngqiú ne?

马可： 他也比我好。
Mǎkě Tā yě bǐ wǒ hǎo.

小文： 开车呢？
Xiǎowén Kāichē ne?

马可： 他开车开得比我快。但是骑马我比他骑得好，
Mǎkě Tā kāichē kāi de bǐ wǒ kuài. Dànshì qí mǎ wǒ bǐ tā qí de hǎo,
因为……
yīnwèi...

小文： 因为什么？
Xiǎowén Yīnwèi shénme?

马可： 因为我的马比他的马好！
Mǎkě Yīnwèi wǒ de mǎ bǐ tā de mǎ hǎo!

小文： 我不会骑马，我喜欢骑自行车，骑得比较慢。
Xiǎowén Wǒ bú huì qí mǎ, wǒ xǐhuan qí zìxíngchē, qí de bǐjiào màn.

马可： 我觉得骑自行车比骑马难。
Mǎkě Wǒ juéde qí zìxíngchē bǐ qí mǎ nán.

小文： 你又开玩笑了。我知道，骑自行车没有骑马难！
Xiǎowén Nǐ yòu kāi wánxiào le. Wǒ zhīdao, qí zìxíngchē méiyǒu qí mǎ nán!

（二）

小文有一辆自行车，红色的。她很喜欢骑车，她
Xiǎowén yǒu yí liàng zìxíngchē, hóngsè de. Tā hěn xǐhuan qí chē, tā
觉得骑自行车很方便，还可以锻炼身体，对环境也很好。
juéde qí zìxíngchē hěn fāngbiàn, hái kěyǐ duànliàn shēntǐ, duì huánjìng yě hěn hǎo.

上星期五上午九点，学校里有一个讲座，小文和
Shàng xīngqīwǔ shàngwǔ jiǔ diǎn, xuéxiào li yǒu yí ge jiǎngzuò, Xiǎowén hé
大卫都想去听。小文骑车去，大卫坐公共汽车去。大卫
Dàwèi dōu xiǎng qù tīng. Xiǎowén qí chē qù, Dàwèi zuò gōnggòng qìchē qù. Dàwèi
说："我一定比你快。"小文说："公共汽车的轮子比自行车
shuō: "Wǒ yídìng bǐ nǐ kuài." Xiǎowén shuō: "Gōnggòng qìchē de lúnzi bǐ zìxíngchē

多，你当然比我快。"
duō, nǐ dāngrán bǐ wǒ kuài."

小文骑得很快，八点半就到了学校。可是大卫遇到
Xiǎowén qí de hěn kuài, bā diǎn bàn jiù dào le xuéxiào. Kěshì Dàwèi yù dào

了麻烦：公共汽车在路上坏了，大卫八点四十①才到，比
le máfan: gōnggòng qìchē zài lù shang huài le, Dàwèi bā diǎn shìshí cái dào, bǐ

小文晚。小文开玩笑说："四个轮子没有两个轮子快！"
Xiǎowén wǎn. Xiǎowén kāi wánxiào shuō:" Sì ge lúnzi méiyǒu liǎng ge lúnzi kuài!"

大卫说："还好②，我没有迟到。"
Dàwèi shuō:" Hái hǎo, wǒ méiyǒu chídào."

(1)
Xiaowen wants to take a book from the top of the bookshelf. The bookshelf is so high that she has to ask Mark for help.

Xiaowen: Mark, You are taller than me. Help me to take the book, will you?
Mark: All right. I am glad when you say that I am tall. Do you know? David is even taller than me.
Xiaowen: How tall is David?
Mark: He is 1.86 meter in height and I am shorter than him.
Xiaowen: Both you and David are taller than me.
Mark: Both of us often play basketball and football.
Xiaowen: I've heard that David is a football fan.
Mark: Oh yes, he plays football better than me.
Xiaowen: How about tennis?
Mark: He is better than me, too.
Xiaowen: How about driving?
Mark: He drives faster than me, but I am better than him at horse riding, because ...
Xiaowen: Because what?
Mark: My horse is better than his.
Xiaowen: I can't ride a horse. I like biking and I ride quite slowly.
Mark: I think that riding a bike is more difficult than riding a horse.
Xiaowen: You are kidding again. I know that bike-riding is not as difficult as horse-riding.

(2)

Xiaowen has a bike, a red one. She likes biking very much. She thinks that riding a bike is a good exercise for health and it is also environmental friendly.

Last Friday morning, there was a lecture at nine o'clock in the school. Both Xiaowen and David wanted to go. Xiaowen would go by bike and David by bus. David said:"I am sure I'll be faster than you." Xiaowen said: "A bus has more wheels than a bike and surely you will be faster than me."

Xiaowen rode fast and got to the school at half past eight. But David had a problem on the way. The bus broke down and David didn't get to the school until eight-forty. He got there later than Xiaowen. Xiaowen said jokingly that four wheels are not as fast as two wheels! David said that luckily he was not late.

新词语 New Words

1	比	bǐ	*prep.*	than (indicating comparison)
2	高	gāo	*adj.*	tall, high
3	帮	bāng	*v.*	to help
4	拿	ná	*v.*	to grab, to take
5	更	gèng	*adv.*	even more
6	米	mǐ	*n.*	meter
7	矮	ǎi	*adj.*	short (height of a person)
8	踢	tī	*v.*	to kick
9	足球	zúqiú	*n.*	football
	足	zú	*n.*	foot
10	迷	mí	*n.*	fan
11	开车	kāi chē	*v.p.*	to drive a car
12	骑	qí	*v.*	to ride
13	马	mǎ	*n.*	horse
14	自行车	zìxíngchē	*n.*	bike

	自	zì	pron.	self
	行	xíng	v.	to go
15	比较	bǐjiào	adv./v.	quite; to compare
16	慢	màn	adj.	slow
17	辆	liàng	m.w.	measure word (bike, bus, train)
18	色	sè	n.	color
19	方便	fāngbiàn	adj.	convenient
20	锻炼	duànliàn	v.	to do physical exercise
21	环境	huánjìng	n.	environment
22	讲座	jiǎngzuò	n.	lecture
	讲	jiǎng	v.	to talk, to tell
	座	zuò	n.	seat
23	一定	yídìng	adv.	surely
24	轮子	lúnzi	n.	wheel
25	遇到	yù dào	v.	to encounter
26	麻烦	máfan	n./adj.	trouble; troublesome
27	路上	lùshang	n.	on the way
28	坏	huài	adj.	bad, broken
29	才	cái	adv.	used before a verb to indicate that something has happened rather late
30	迟到	chídào	v.	to be late (for class, meeting, etc.)
	迟	chí	adj.	to be late

注释 NOTES

① "大卫八点四十才到学校。"

In spoken Chinese, "分" in the expression "八点四十分" is often omitted. E.g. 三点二十(分)、六点十五(分). However, if the number before "分" is less than eleven, "分" cannot be omitted. E.g. "八点五分", "八点十分" ect.

② "还好" means "fortuantely".

语法 *Grammar*

1. 比较句（一）"A 比 B+形容词"　Comparative sentences (1) "A 比 B+Adj"

(1) "A 比 B+形容词……"表示两项事物的比较，"A 比 B"后面的形容词"好/多/高/漂亮……"等说明比较的结果。在"A 比 B+形容词"句式中的形容词之前加"更"，表示 B 的程度比较高，A 的程度比 B 还高，构成"A 比 B+更+形容词"句式。

The structure "A 比 B…" expresses comparison of two things. Adjectives such as "好/多/高……" are palced after "A 比 B…" to indicate result of the comparison. The word "更" is added before adjectives in the structure of "A 比 B+Adj." to indicate that "A" is at a higher degree than "B", however "B" is also at quite high degree. Thus the structure is "A 比 B+更+Adj."

(2) 否定的方式一般用"没有"代替"比"。（有时可以在"比"前加"不"，表示"A"与"B"在所比较的方面近似。）

The negative forms are usually made by replacing "比" with "没有". (It is also possible to put "不" before "比", which means "A" and "B" are similar in the compared aspect.)

		肯定			Affirmative
(1)	我	比	他	高。	I am taller than him.
(2)	他开车	比	我	快。	He drives faster than I do.
(3)	他	比	我	更高。	He is even taller than me. (I am also tall.)
		否定			Negative
(1)	我	没有	他	高。	I am not as tall as he is.
(2)	他开车	没有	我	快。	He doesn't drive as fast as I do.

2. 副词"才"　The adverb "才"

副词"才"用在时间词后，动词前，表示动作发生得很晚、慢，花费时间长。

The adverb "才" indicates that an event happens late or it takes a long time to complete an action. "才" is placed in front of the verb.

(1)	大卫八点四十	才	到学校。	（"到"的时间晚）
(2)	他晚上十二点	才	睡觉。	（"睡觉"的时间晚）
(3)	他用了一个小时	才	写了 50 个汉字。	（"写"的时间长）

练习 *Exercises*

1. 课文问答练习　Questions and answers on the text

（一）

(1) 小文 请马可做什么？
Xiǎowén qǐng Mǎkě zuò shénme?

(2) 马可比大卫高吗？
Mǎkě bǐ Dàwèi gāo ma?

(3) 大卫多高？
Dàwèi duō gāo?

(4) 大卫喜欢踢足球吗？
Dàwèi xǐhuan tī zúqiú ma?

(5) 谁打网球打得好？
Shéi dǎ wǎngqiú dǎ de hǎo?

(6) 谁喜欢骑马？
Shéi xǐhuan qí mǎ?

(7) 马可的马怎么样？
Mǎkě de mǎ zěnmeyàng?

(8) 马可开车比大卫快吗？
Mǎkě kāichē bǐ Dàwèi kuài ma?

(9) 小文 骑车骑得怎么样？
Xiǎowén qí chē qí de zěnmeyàng?

(10) 小文 觉得骑马难吗？
Xiǎowén juéde qí mǎ nán ma?

（二）

(1) 小文 的自行车是黑色的吗？
Xiǎowén de zìxíngchē shì hēisè de ma?

(2) 小文 为什么喜欢骑自行车？
Xiǎowén wèi shénme xǐhuan qí zìxíngchē?

（3）星期五 小文 和 大卫 为什么 去 学校？
Xīngqīwǔ Xiǎowén hé Dàwèi wèi shénme qù xuéxiào?

（4）小文 怎么 去 学校？
Xiǎowén zěnme qù xuéxiào?

（5）小文 什么 时候 到 了 学校？
Xiǎowén shénme shíhou dào le xuéxiào?

（6）大卫 怎么 去 学校？
Dàwèi zěnme qù xuéxiào?

（7）大卫 遇到 了 什么 麻烦？
Dàwèi yù dào le shénme máfan?

（8）大卫 什么 时候 才 到 学校？
Dàwèi shénme shíhou cái dào xuéxiào?

（9）汽车 为 什么 比 自行车 快？
Qìchē wèi shénme bǐ zìxíngchē kuài?

（10）小文 开玩笑 说 什么？
Xiǎowén kāi wánxiào shuō shénme?

2. 根据英语完成下面的句子
Complete the sentences according to English

（1）他 二十三 岁，_____。
　　　Tā èrshísān suì, (I am older than him.)

（2）今天 不太 冷，_____。
　　　Jīntiān bú tài lěng, (Yesterday was colder than today.)

（3）他的 词典 10€，_____。
　　　Tā de cídiǎn shí Ōuyuán, (My dictionary is more expensive than his.)

（4）这个 房间 比较 小，_____。
　　　Zhège fángjiān bǐjiào xiǎo, (That room is bigger than this one.)

（5）他 一米八六，_____。
　　　Tā yì mǐ bā liù, (I am shorter than him.)

3. 根据图画,用"……比……"完成句子
Use "……比……" to complete the sentences based on the pictures

(1) 男孩儿,女孩儿 _____。
   nánháir, nǚháir

(2) 姐姐的苹果,我的苹果 _____。
   jiějie de píngguǒ, wǒ de píngguǒ

(3) 公共汽车,小汽车 _____。
   gōnggòng qìchē, xiǎo qìchē

(4) 狗,猫 _____。
   gǒu, māo

(5) 骑马,骑车 _____。
   qí mǎ, qí chē

4. 根据例句用所给的词造句
Make sentences with the given words according to the example

> E.g. 哥哥(180)　弟弟(185)　高→弟弟比哥哥<u>更</u>高。

(1) 这条裤子(1.5米)　　那条(1米)　　长 →
   zhè tiáo kùzi　　　　nà tiáo　　　cháng

   _____。

(2) 这双鞋(44)　　那双(43)　　大 →
   zhè shuāng xié　　nà shuāng　　dà

   _____。

(3) 飞机　　　　火车　　　　快 →
   fēijī　　　　huǒchē　　　kuài

   _____。

(4) 大卫 的 汉语　　　我 的 汉语　好 →
　　Dàwèi de Hànyǔ　　wǒ de Hànyǔ　hǎo
　　_____。

(5) 电脑(500€)　　　手机(400€)　贵 →
　　diànnǎo　　　　shǒujī　　　guì
　　_____。

(6) 大卫 开车(180mph)　我(150mph)　快 →
　　Dàwèi kāichē　　　wǒ　　　　kuài
　　_____。

5. 根据例句用"……没有……"改写下面的比较句
Rewrite the sentences by using "……没有……" according to the example

> E.g. 自行车不太快,火车快。→自行车没有火车快。

(1) 我 的 汉语 不太 好,他的 汉语 好。
　　Wǒ de Hànyǔ bú tài hǎo, tā de Hànyǔ hǎo.
　→_____。

(2) 我 不 太 高,他 高。
　　Wǒ bú tài gāo, tā gāo.
　→_____。

(3) 那 辆 自行车 不太 漂亮, 这 辆 很 漂亮。
　　Nà liàng zìxíngchē bú tài piàoliang, zhè liàng hěn piàoliang.
　→_____。

(4) 他 今天 不太 忙, 昨天 很 忙。
　　Tā jīntiān bú tài máng, zuótiān hěn máng.
　→_____。

(5) 骑 自行车 不 太 难, 骑马 比较 难。
　　Qí zìxíngchē bú tài nán, qí mǎ bǐjiào nán.
　→_____。

(6) 两个 轮子不太快,四个 轮子比较快。
Liǎng ge lúnzi bú tài kuài, sì ge lúnzi bǐjiào kuài.
→_____。

6. 根据实际情况完成下面的会话(用"……比……")
Complete the following dialogues according to real situations(Use "……比……")

(1) A：昨天和今天的 天气,哪一天好？ B：_____。
Zuótiān hé jīntiān de tiānqì, nǎ yì tiān hǎo?

(2) A：亚洲和欧洲,哪一个洲大？ B：_____。
Yàzhōu hé Ōuzhōu, nǎ yí ge zhōu dà?

(3) A：红 葡萄酒 好 还是白葡萄酒 好？ B：_____。
Hóng pútaojiǔ hǎo háishì bái pútaojiǔ hǎo?

(4) A：汽车和飞机,哪个快？ B：_____。
Qìchē hé fēijī, nǎge kuài?

(5) A：你觉得,狗 聪明 还是猫 聪明？ B：_____。
Nǐ juéde, gǒu cōngming háishi māo cōngming?

(6) A：你觉得,骑车难还是骑马难？ B：_____。
Nǐ juéde, qí chē nán háishi qí mǎ nán?

7. 用下面的汉字填空　Fill in the blanks with the given words

(A)	行	得	比	开	骑	没	坐	更	快	好
	xíng	de	bǐ	kāi	qí	méi	zuò	gèng	kuài	hǎo

马可 1____我高,可是他 2____有大卫高。我们一起骑自 3____车,马可和大卫骑 4____比我快。马可喜欢 5____马,他骑得很 6____,可是大卫骑得 7____好。大卫常常 8____车去学校,他开得 9____极了,我不喜欢 10____他的车。

(B)	听	坐	车	才	比	路	方	迟	坏	辆
	tīng	zuò	chē	cái	bǐ	lù	fāng	chí	huài	liàng

小文有一 1____红色的自行 2____,她觉得骑车很 3____便。昨

天她和大卫去4____讲座。她骑车去,大卫5____公共汽车去,他想6____小文早到。可是在7____上,公共汽车8____了,他八点四十9____到学校。还好,他没10____到。

8. 课堂活动　Classroom activities

Commpare the following things by using the following structures:
（1）我的……比你的……
（2）我的……没有你的……
（大、小、好、多、少、胖、老、贵、便宜、有意思、漂亮、聪明……）

9. 听力练习　Listening comprehension

（1）A 我 高　　　B 他高
　　　wǒ gāo　　　　tā gāo

（2）A 昨天　　　B 今天
　　　zuótiān　　　　jīntiān

(3) A 茶　　　　　　B 咖啡
　　　chá　　　　　　　kāfēi

(4) A 红的　　　　　B 黑的
　　　hóng de　　　　　hēi de

(5) A 骑马难　　　　B 开车难
　　　qí mǎ nán　　　　kāi chē nán

10. 用所给的词语把下面的句子翻译成汉语
Translate the sentences into Chinese by using the given words

(1) I get up as late as ten o'clock on Sundays.　　　才
(2) Fortunately she was not late.　　　迟到
(3) He drives faster than me.　　　开车
(4) Help me to get the book, please.　　　帮
(5) He is very tall and his friend is even taller.　　　更

11. 写作练习（100个汉字左右）　　Writing Exercise

题目：我喜欢的运动
Topic: The sport I like

语音练习　Pronunciation drills

朗读下面的词语　Read aloud the following words

1	2	3	4	5	6
公里 gōnglǐ	讲座 jiǎngzuò	开车 kāichē	红色 hóngsè	自行车 zìxíngchē	足球迷 zúqiú mí
公斤 gōngjīn	讲课 jiǎng kè	开花 kāi huā	黑色 hēisè	汽车 qìchē	篮球迷 lánqiú mí
公园 gōngyuán	讲话 jiǎng huà	开门 kāi mén	绿色 lǜsè	火车 huǒchē	网球迷 wǎngqiú mí

10 一样不一样?
Yíyàng bù yíyàng?
Are they the same or not?

课文 Text

(一) At a Chinese restaurant

马可: 大家点菜吧！看看菜单，你们喜欢吃什么？
Mǎkě　Dàjiā diǎn cài ba! Kànkan càidān, nǐmen xǐhuan chī shénme?

大卫: 先要4瓶啤酒。
Dàwèi　Xiān yào sì píng píjiǔ.

林达: 我要一个麻婆豆腐。
Líndá　Wǒ yào yí ge Mápó dòufu.

大卫: 我看看价格：这个菜12 欧元。
Dàwèi　Wǒ kànkan jiàgé: zhège cài shí'èr Ōuyuán.

马可: 我点一个宫保鸡丁。
Mǎkě　Wǒ diǎn yí ge gōngbǎo jīdīng.

大卫: 13 欧元，比第一个菜贵一点儿。
Dàwèi　Shísān Ōuyuán, bǐ dì yī ge cài guì yìdiǎnr.

小文: 好，我再要一个松鼠鱼。
Xiǎowén　Hǎo, wǒ zài yào yí gè sōngshǔyú.

大卫: 小文，我跟你一样，喜欢吃松鼠鱼！
Dàwèi　Xiǎowén, wǒ gēn nǐ yíyàng, xǐhuan chī sōngshǔyú!

小文: 松鼠鱼20 欧元。
Xiǎowén　Sōngshǔyú èrshí Ōuyuán.

大卫: 这个菜最贵，比第一个菜贵8元。
Dàwèi　Zhège cài zuì guì, bǐ dì yī ge cài guì bā yuán.

林达: 大卫，你总是在看价格，打算给大家付钱吗？
Líndá　Dàwèi, nǐ zǒngshì zài kàn jiàgé, dǎsuàn gěi dàjiā fù qián ma?

大卫： 不是！我在练习汉语语法。
Dàwèi　 Bú shì! Wǒ zài liànxí Hànyǔ yǔfǎ.

小文： 我不想 练习语法，我要米饭。
Xiǎowén　Wǒ bù xiǎng liànxí yǔfǎ, wǒ yào mǐfàn.

大卫： 我要 两个包子。
Dàwèi　 Wǒ yào liǎng ge bāozi.

马可： 包子跟馒头一样不一样？
Mǎkě　 Bāozi gēn mántou yíyàng bù yíyàng?

大卫： 不一样，包子里有肉，馒头没有。
Dàwèi　 Bù yíyàng, bāozi li yǒu ròu, mántou méiyǒu.

林达： 大卫真是 中餐 专家，水平 很 高！
Líndá　 Dàwèi zhēn shì zhōngcān zhuānjiā, shuǐpíng hěn gāo!

马可： 啤酒来了，我们干杯！
Mǎkě　 Píjiǔ lái le, wǒmen gān bēi!

大家： 干杯！
Dàjiā　 Gān bēi!

（二）

小文 每天都上课。早上 起床、洗澡、刷牙后，小文
Xiǎowén měi tiān dōu shàngkè. Zǎoshang qǐchuáng, xǐzǎo, shuā yá hòu, Xiǎowén

就吃早饭。她的早饭是一杯牛奶、一个面包、一个苹果
jiù chī zǎofàn. Tā de zǎofàn shì yì bēi niúnǎi, yí ge miànbāo, yí ge píngguǒ

或者香蕉。小文说，早饭很 重要，得好好儿吃，如果不吃
huòzhě xiāngjiāo. Xiǎowén shuō, zǎofàn hěn zhòngyào, děi hǎohāor chī, rúguǒ bù chī

早饭，就不能 好好儿学习。
zǎofàn, jiù bù néng hǎohāor xuéxí.

可是大卫 没有 时间吃早饭。他 觉得 睡觉 的 时间
Kěshì Dàwèi méiyǒu shíjiān chī zǎofàn. Tā juéde shuìjiào de shíjiān

不够，早上 起床后，就洗澡、刷牙，穿 上衣服、鞋就
bú gòu, zǎoshang qǐchuáng hòu, jiù xǐzǎo, shuā yá, chuān shang yīfu, xié jiù

去学校,哪有时间吃早饭啊①?有时,他在路上买一个
qù xuéxiào, nǎ yǒu shíjiān chī zǎofàn a? Yǒushí, tā zài lùshang mǎi yí ge

三明治,一杯咖啡,就去学校。他总是跟小文开玩笑:
sānmíngzhì, yì bēi kāfēi, jiù qù xuéxiào. Tā zǒngshì gēn Xiǎowén kāi wánxiào:

"小文小姐②,你为什么有时间吃早饭呢?"小文说:"亲爱
"Xiǎowén xiǎojiě, nǐ wèi shénme yǒu shíjiān chī zǎofàn ne?" Xiǎowén shuō: "Qīn'ài

的大卫先生,你每天有二十四个小时,我跟你一样。我
de Dàwèi xiānsheng, nǐ měi tiān yǒu èrshísì ge xiǎoshí, wǒ gēn nǐ yíyàng. Wǒ

有时间吃早饭,为什么你没时间呢?"
yǒu shíjiān chī zǎofàn, wèi shénme nǐ méi shíjiān ne?"

(1) At a Chinese restaurant

Mark: Let's order now. Have a look at the menu! What would you like to have?

David: First, four bottles of beer.

Linda: I'd like to have Mapo doufu.

David: Let me see the price. It is €12.

Mark: Let me order Gongbao Chicken.

David: €13, a bit more expensive than the first one.

Xiaowen: All right, I order Squirrel Fish.

David: I like Squirrel Fish as much as you do, Xiaowen.

Xiaowen: Squirrel Fish is €20.

David: This is the most expensive dish, €8 more expensive than the first one.

Linda: David, you have been checking the price. Are you going to pay for us?

David: No, I am practising Chinese grammar.

Xiaowen: I don't want to practise Chinese grammar. I want to have some rice.

David: I want to have two steamed buns.

Mark: Are steamed buns the same as steamed bread?

David: No, they are not the same. Steamed buns have meat fillings, but steamed bread doesn't.

Linda: David is really a high-level expert of Chinese food!

Mark: Here comes the bear. Cheers!

All: Cheers!

(2)

Xiaowen has lessons at school every day. After getting up in the morning, she takes a shower and brushes her teeth and then immediately she has breakfast. For breakfast she drinks a cup of milk and eats one piece of bread as well as an apple or a banana. Xiaowen said that breakfast is very important and one must have a good breakfast. Without breakfast, one cannot study well.

But David has no time for breakfast. He feels that he doesn't have enough time to sleep. After getting up in the morning, he immediately takes a shower and brushes his teeth. He puts on his clothes and shoes and then goes to school, leaving no time for breakfast. Sometimes, he buys a sandwich and a cup of coffee on the way to school. He always jokes with Xiaowen: "Why do you have time to eat breakfast, Miss Xiaowen?" Xiaowen said: "Dear Mr. David, you have 24 hours a day and me, too. I have time for breakfast and why can't you?"

新词语 New Words

1	一样	yíyàng	adj.	same
2	点(菜)	diǎn (cài)	v.	to order (dishes)
3	菜单	càidān	n.	menu
	单	dān	n.	list
4	麻婆豆腐	Mápó dòufu	p.n.	Mapo Doufu
	豆腐	dòufu	n.	bean curd
5	价格	jiàgé	n.	price
6	宫保鸡丁	gōngbǎo jīdīng	p.n.	Gongbao Chicken
	鸡丁	jīdīng	n.	shredded chicken
7	第	dì	pref.	prefix for ordinal numbers
8	松鼠鱼	sōngshǔyú	n.	fish cooked in the shape of squirrel
	松鼠	sōngshǔ	n.	squirrel
9	总是	zǒngshì	adv.	always

10	付（钱）	fù(qián)	v.	to pay (money)
11	练习	liànxí	v./n.	to practise; practice
12	语法	yǔfǎ	n.	grammar
	法	fǎ	n.	law, regulation
13	米饭	mǐfàn	n.	cooked rice
14	包子	bāozi	n.	steamed bun
15	馒头	mántou	n.	steamed bread
16	中餐	zhōngcān	n.	Chinese food
17	专家	zhuānjiā	n.	expert
	专	zhuān	adj.	specialized in
	家	jiā	n.	master of (profession)
18	水平	shuǐpíng	n.	level
19	干杯	gān bēi	v.p.	to cheers (to drink a toast)
	干	gān	v.	to empty
20	洗澡	xǐ zǎo	v.p.	to take a shower
	洗	xǐ	v.	to wash
21	刷	shuā	v.	to brush (teeth)
22	牙	yá	n.	tooth, teeth
23	香蕉	xiāngjiāo	n.	banana
	香	xiāng	adj.	fragrant
24	好好儿	hǎohāor	adv.	to do one's best
25	够	gòu	v.	to be enough
26	穿（上）	chuān(shang)	v.	to put on (clothes), to wear
27	有时	yǒushí	adv.	sometimes
28	三明治	sānmíngzhì	n.	sandwich
29	小姐	xiǎojiě	n.	Miss
30	亲爱	qīn'ài	adj.	beloved

注释 NOTES

① "哪有时间吃早饭啊?"
This is a rhetorical question. It means there is no time for breakfast.

② "小姐" It is a addressing term for young girls.

语法 Grammar

1. 比较句(二)"A 比 B+形+……"
Comparative sentences (2) "A 比 B+Adj+……"

"A 比 B+形容词"的后面,可以加表示程度的"一点儿/多了/得多/数量词"等说明 A 和 B 的差别。例如"大一点儿"表示"大"的差别程度低,"大多了/大得多"表示差别程度高,"大一岁/多一个"表示比较后差别的数量。

"A 比 B +Adj" can be followed by words such as "一点儿、多了、得多" or numerals to define the difference between the compared A and B. "大一点儿" indicates that the difference of "大" is small, while"大多了/大得多" indicates that the difference is big. "大一岁/多一个" indicates the difference of comparison in terms of quantity.

(1)	大卫	比	你	高	一点儿。
(2)	大卫	比	我	高	多了。
	汽车	比	自行车	快	得多。
	他的朋友	比	我的	多	得多。
(3)	他	比	我	大	两岁。

⚠️ 注意 Attention!

表示比较差别的词语放在形容词之后。错误的句子:×他比我一点儿高。正确的句子:√他比我高一点。

Words indicating difference of the result of comparison should be put after the adjectives. Wrong sentence: ×他比我一点儿高。Correct sentence: √他比我高一点。

2. 比较句(三)"A 跟(和)B 一样" Comparative sentences (3) "A is the same as B"

(1) 表示两个事物相同。
"A 跟 (和) B 一样" indicates that "A" is the same as "B".

(2) 否定的方式是:"A 跟(和)B 不一样"。
"A 跟 (和) B 不一样" indicates that "A" is not the same as "B".

(3) "A 跟(和)B 一样"后面,可加说明在什么方面相同的词语(大多是形容词,或者心理动词),如"A 跟 B 一样大/喜欢"。

"A 跟 (和) B 一样" can be followed by words (usually adjectives or verbs expressing mental activities) such as "一样大/喜欢……" to indicate the aspect of similarities.

	A		B	same / not same	
(1)	这个菜	跟/和	那个菜	一样。	
(2)	汉语	跟/和	英语	不一样。	
(3)	这个菜	跟/和	那个菜	一样	贵。
	我	跟/和	小文	一样	喜欢吃鱼。
	这个房间	跟/和	那个房间	一样	大吗?
	这个菜	跟/和	那个菜	一样	不一样?

3. 副词"就"(一)　The Adverb "就"(1)

一个句子里有两个动词时,副词"就"在后一个动词前面,表示后一个动作在时间上接着前一个动作发生。

If a sentence has two verbs, the adverb "就" is placed before the second verb to indicate that the second action happens immediately after the first one.

(1)	小文洗₁了澡,	就	吃₂早饭。
(2)	到₁了学校,我	就	看₂书。
(3)	到₁了家,我	就	做₂饭。

练习　Exercises

1. 课文问答练习　Questions and answers on the text

(一)

(1) 第一个菜是什么? 多少钱?
　　Dì yī ge cài shì shénme? Duōshao qián?

(2) 第二个菜是什么? 多少钱?
　　Dì èr ge cài shì shénme? Duōshao qián?

(3) 第三个菜是什么? 多少钱?
　　Dì sān ge cài shì shénme? Duōshao qián?

(4) 鱼比豆腐贵多少钱?
　　Yú bǐ dòufu guì duōshao qián?

（5）鱼比鸡丁贵多少钱？
　　　Yú bǐ jīdīng guì duōshao qián?

（6）小文最喜欢吃什么？大卫呢？
　　　Xiǎowén zuì xǐhuan chī shénme? Dàwèi ne?

（7）大卫为什么总是看菜的价格？
　　　Dàwèi wèi shénme zǒngshì kàn cài de jiàgé?

（8）小文要吃什么？
　　　Xiǎowén yào chī shénme?

（9）大卫要吃什么？
　　　Dàwèi yào chī shénme?

（10）包子和馒头一样吗？
　　　Bāozi hé mántou yíyàng ma?

（二）

（1）小文早上起床后做什么？
　　　Xiǎowén zǎoshang qǐchuáng hòu zuò shénme?

（2）小文的早饭是什么？
　　　Xiǎowén de zǎofàn shì shénme?

（3）她为什么觉得早饭很重要？
　　　Tā wèi shénme juéde zǎofàn hěn zhòngyào?

（4）大卫为什么常常不吃早饭？
　　　Dàwèi wèi shénme chángcháng bù chī zǎofàn?

（5）有时，大卫的早饭是什么？
　　　Yǒushí, Dàwèi de zǎofàn shì shénme?

（6）大卫开玩笑，说什么？
　　　Dàwèi kāi wánxiào, shuō shénme?

2. 根据英语完成下面的句子
Complete the sentences based on English

（1）他二十三岁，_____。
　　　Tā érshí sān suì,　　(I am two years older than him.)

一样不一样？ Are they the same or not?

(2) 我的汉语不太好，_____。
　　 Wǒ de Hànyǔ bú tài hǎo,　　(He is much better than me in Chinese.)

(3) 这个房间很小，_____。
　　 Zhège fángjiān hěn xiǎo,　　(That one is a little larger than this one.)

(4) 昨天不太冷，_____。
　　 Zuótiān bú tài lěng,　　(Today is much colder than yesterday.)

(5) 我们都会英语，_____。
　　 Wǒmen dōu huì Yīngyǔ,　　(But he is much better than me in English.)

(6) 这个学校有很多学生，_____。
　　 Zhège xuéxiào yǒu hěn duō xuésheng,　　(There are much more boys than girls.)

3. 根据例句完成下面的句子
Complete the sentences according to the example

香蕉,苹果,便宜→苹果跟香蕉一样便宜。

(1) 他的词典,我的词典,好　　→_____。
　　 tā de cídiǎn, wǒ de cídiǎn, hǎo

(2) 北京,上海,漂亮　　→_____。
　　 Běijīng, Shànghǎi, piàoliang

(3) 豆腐,鱼,好吃　　→_____。
　　 dòufu, yú, hǎochī

(4) 这个房间,那个房间,干净　　→_____。
　　 zhège fángjiān, nàge fángjiān, gānjìng

(5) 小狗,小猫,聪明　　→_____。
　　 xiǎo gǒu, xiǎo māo, cōngming

(6) 我,他,喜欢滑雪　　→_____。
　　 wǒ, tā, xǐhuan huáxuě

(7) 爸爸,妈妈,喜欢唱歌　　→_____。
　　 bàba, māma, xǐhuan chàng gē

(8) 马可,大卫,爱骑马 →_____。
　　 Mǎkě, Dàwèi, ài qí mǎ

4. 根据图画和例句会话
Make dialogues according to the examples with the help of the pictures

> 你,他,大 → A: 你跟/和他一样大吗?
> 　　　　　　B: 我和他一样大。/我和他不一样大。

(1) 哥哥,弟弟,高
　　 gēge, dìdi, gāo

哥哥,弟弟

(2) 这个书包,那个,大
　　 zhège shūbāo, nàge, dà

(3) 今天,昨天,冷
　　 jīntiān, zuótiān, lěng

-20°　-20°

(4) 这条裤子,那条,长
　　 zhè tiáo kùzi, nà tiáo, cháng

(5) 这双鞋,那双,大
　　 zhè shuāng xié, nà shuāng, dà

38　　40

(6) 大卫,马可,大
　　 Dàwèi, Mǎkě, dà

23岁　23岁

5. 根据例句会话　Make dialogues according to the example

> 马可的书,大阳的(书) → A: 马可的书跟大阳的(书)一样不一样?
> 　　　　　　　　　　　B: 一样。/不一样。

(1) 北京,上海　　　　　　　A:_____? B:_____。
　　 Běijīng, Shànghǎi

(2) 包子，馒头　　　　　　　　　A：_____？　B：_____。
　　　bāozi, mántou

(3) 金鱼，松鼠鱼　　　　　　　　A：_____？　B：_____。
　　　jīnyú, sōngshǔyú

(4) 西餐，中餐　　　　　　　　　A：_____？　B：_____。
　　　xīcān, zhōngcān

(5) 中国 歌，英国 歌　　　　　　A：_____？　B：_____。
　　　Zhōngguó gē, Yīngguó gē

(6) 绿茶，茉莉花 茶　　　　　　　A：_____？　B：_____。
　　　lǜchá, mòlìhuā chá

(7) 今天 的 天气，昨天 的 天气　　A：_____？　B：_____。
　　　jīntiān de tiānqì, zuótiān de tiānqì

(8) 你的书，他的书　　　　　　　A：_____？　B：_____。
　　　nǐ de shū, tā de shū

(9) 这本书(50元)的价格，那本(50元)　A：_____？　B：_____。
　　　zhè běn shū　　de jiàgé, nà běn

(10) 你的手机，他的手机　　　　　A：_____？　B：_____。
　　　 nǐ de shǒujī, tā de shǒujī

6. 在下面的句子合适的地方加上"就"　Put "就" in the right place

(1) 我 下课后，回家。
　　　Wǒ xiàkè huò, huí jiā.

(2) 大卫洗澡、刷牙后，去 学校 上课。
　　　Dàwèi xǐzǎo, shuā yā hòu, qù xuéxiào shàngkè.

(3) 他下了课，去 办公室。
　　　Tā xià le kè, qù bàngōngshì.

(4) 我 吃了饭，睡觉。
　　　Wǒ chī le fàn, shuìjiào.

(5) 我 吃了蛋糕，喝茶。
　　　Wǒ chī le dàngāo, hē chá.

（6）我 买了鞋，去买袜子。
　　　Wǒ mǎi le xié, qù mǎi wàzi.

7. 用下面的汉字填空　Fill in the blanks with the given words

（A）　第　比　点　菜　米　家　更　跟　包　个
　　　　dì　bǐ　diǎn　cài　mǐ　jiā　gèng　gēn　bāo　gè

在中餐馆里，大家1_____了三个菜。2_____一个菜是豆腐，12欧元。第二个3_____是鸡丁，13欧元，4_____豆腐贵一点儿。第三5_____菜是鱼，20欧元。小文要了6_____饭，大卫要了两个7_____子。大卫是个中餐专8_____，他说，包子9_____馒头不一样，包子10_____好吃。

（B）　间　就　牛　好　早　课　包　牙　杯　要
　　　　jiān　jiù　niú　hǎo　zǎo　kè　bāo　yá　bēi　yào

小文每天1_____上洗澡、刷牙后，2_____吃早饭。她的早饭是一杯3_____奶、一个苹果、一个面4_____。她说，早饭很重5_____，如果不吃早饭，就不能好6_____学习。可是大卫没有时7_____吃早饭，他洗澡、刷8_____后，就去学校。有时，他喝一9_____咖啡，就去学校上10_____了。

8. 课堂活动　Classroom activities

(1) Talk about what he does in the morning with the help of the pictures

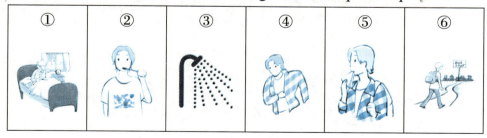

(2) Use the menu to order and compare the prices of the food and drinks in the menu by using the sentence structures: (1) "……比……" (2) "……跟……一样" (3) 最……

Two of you have only 100 *yuan* to spend

香香餐馆******菜单

① 宫保鸡丁　　　　　gōngbǎo jīdīng　　　　20.00（块 kuài, Chinese *yuan*）
② 麻婆豆腐　　　　　Mápó dòufu　　　　　　15.00
③ 牛肉丁　　　　　　niúròudīng　　　　　　20.00
④ 松鼠鱼　　　　　　sōngshǔyú　　　　　　 50.00
⑤ 北京烤鸭（只）　　Běijīng kǎoyā　　　　　100.00

① 米饭（碗 wǎn, bowl）　mǐfàn　　　　　　　2.00
② 饺子（个）　　　　　jiǎozi　　　　　　　 1.00
③ 包子　　　　　　　　bāozi　　　　　　　 2.00
④ 馒头　　　　　　　　mántou　　　　　　　1.00

① 绿茶（杯）　　　　　lǜchá　　　　　　　　5.00
② 葡萄酒（杯）　　　　pútaojiǔ　　　　　　 40.00
③ 啤酒（杯）　　　　　píjiǔ　　　　　　　　10.00
④ 可乐（瓶）　　　　　kělè　　　　　　　　 6.00
⑤ 水（瓶）　　　　　　shuǐ　　　　　　　　 2.00

9. 听力练习　Listening comprehension

（1）A 一样 高　　　　　　　　　　B 不一样高
　　　yíyàng gāo　　　　　　　　　　bù yíyàng gāo

（2）A 一样　　　　　　　　　　　　B 不一样
　　　yíyàng　　　　　　　　　　　　bù yíyàng

（3）A 不一样　　　　　　　　　　　B 一样
　　　bù yíyàng　　　　　　　　　　 yíyàng

(4) A 三个　　　　　　　　　　　　B 四个
　　　sān ge　　　　　　　　　　　　sì ge

(5) A 咖啡和面包　　　　　　　　　B 果汁和面包
　　　kāfēi hé miànbāo　　　　　　　guǒzhī hé miànbāo

10. 用所给的词语把下面的句子翻译成汉语
　　Translate the sentences into Chinese by using the given words

(1) I must have a good rest.　　　　　　　　　　好好儿
(2) She likes to practise writing Chinese characters.　练习
(3) He always makes jokes.　　　　　　　　　　总是
(4) Let's order now.　　　　　　　　　　　　　点菜
(5) This is the most expensive dish.　　　　　　最

11. 写作练习(100个汉字左右)　Writing Exercise

题目：我和我的朋友(比较：身高、年纪、爱好等)
Topic: My friend and me (Compare you and your friend: height, age, hobby ...)

语音练习　Pronunciation drills

朗读下面的词语　Read aloud the following words

1	2	3	4	5	6
第一 dì yī	欧元 Ōuyuán	中餐 zhōngcān	专家 zhuānjiā	米饭 mǐfàn	亲爱 qīn'ài
第二 dì èr	欧洲 Ōuzhōu	西餐 xīcān	音乐家 yīnyuèjiā	早饭 zǎofàn	亲人 qīnrén
第三 dì sān	欧盟 Ōuméng	早餐 zǎocān	画家 huàjiā	晚饭 wǎnfàn	母亲 mǔqīn

11 我要进去,他要出来

Wǒ yào jìnqu, tā yào chūlai

When I was going in, he was coming out

课文 Text

(一)

大卫：林达,我告诉你今天发生的事儿,你想听吗?
Dàwèi　Líndá, wǒ gàosu nǐ jīntiān fāshēng de shìr, nǐ xiǎng tīng ma?

林达：快说吧。
Líndá　Kuài shuō ba.

大卫：我今天遇到了一个朋友,他是从中国来的。
Dàwèi　Wǒ jīntiān yù dào le yí ge péngyǒu, tā shì cóng Zhōngguó lái de.

林达：在哪儿遇到的?
Líndá　Zài nǎr yù dào de?

大卫：在银行门口。我要进去,他要出来。
Dàwèi　Zài yínháng ménkǒu. Wǒ yào jìnqu, tā yào chūlai.

林达：你们很久没见面了吧?
Líndá　Nǐmen hěn jiǔ méi jiànmiàn le ba?

大卫：是啊,真没想到!然后,我们一起去酒吧了。
Dàwèi　Shì a, zhēn méi xiǎng dào! Ránhòu, wǒmen yìqǐ qù jiǔbā le.

林达：这个故事太简单了。
Líndá　Zhège gùshi tài jiǎndān le.

大卫：别急。到了酒吧,就遇到了另一个朋友,是从
Dàwèi　Bié jí. Dào le jiǔbā, jiù yù dào le lìng yí ge péngyou, shì cóng

美国来的。
Měiguó lái de.

林达：是吗?太有意思了。
Líndá　Shì ma? Tài yǒu yìsi le.

大卫：在酒吧，我们要上楼，他要下楼。
Dàwèi　　Zài jiǔbā, wǒmen yào shàng lóu, tā yào xià lóu.

林达：你们多长时间没见面了？
Líndá　　Nǐmen duō cháng shíjiān méi jiànmiàn le?

大卫：差不多三年了。
Dàwèi　　Chàbuduō sān nián le.

林达：三个人一起喝酒，更有意思了。
Líndá　　Sān ge rén yìqǐ hē jiǔ, gèng yǒuyìsi le.

大卫：我们没想到能见面，非常高兴。
Dàwèi　　Wǒmen méi xiǎng dào néng jiànmiàn, fēicháng gāoxìng.

林达：没喝醉吧？
Líndá　　Méi hē zuì ba?

大卫：我们喝了不少。然后，我只好坐出租车回来了。
Dàwèi　　Wǒmen hē le bù shǎo. Ránhòu, wǒ zhǐhǎo zuò chūzūchē huílai le.

（二）

林达下午四点就下课了。她从教室出来，打算给
Líndá xiàwǔ sì diǎn jiù xiàkè le. Tā cóng jiàoshì chūlai, dǎsuàn gěi

朋友打一个电话，可是发现手机丢了。她马上回教室
péngyou dǎ yí ge diànhuà, kěshi fāxiàn shǒujī diū le. Tā mǎshàng huí jiàoshì

去找，看见手机在桌子上呢。
qù zhǎo, kànjiàn shǒujī zài zhuōzi shang ne.

林达到了她家楼下，发现电梯坏了。她只好从
Líndá dào le tā jiā lóu xià, fāxiàn diàntī huài le. Tā zhǐhǎo cóng

楼梯上去。有时，她也爬楼梯，几分钟就上去了。可是
lóutī shàngqu. Yǒushí, tā yě pá lóutī, jǐ fēnzhōng jiù shàngqu le. Kěshì

现在她的书包里有很多书，很重。林达好不容易才[1]到
xiànzài tā de shūbāo li yǒu hěn duō shū, hěn zhòng. Líndá hǎobù róngyì cái dào

九层，马上就要到自己家门口了，她已经累坏了[2]。
jiǔ céng, mǎshàng jiù yào dào zìjǐ jiā ménkǒu le, tā yǐjīng lèi huài le.

我要进去,他要出来 When I was going in, he was coming out

林达想从口袋里拿钥匙,可是口袋里没有钥匙,
Líndá xiǎng cóng kǒudài li ná yàoshì, kěshì kǒudài li méiyǒu yàoshì,

书包里也没有。怎么办呢?林达只好从九层下来,
shūbāo li yě méiyǒu. Zěnme bàn ne? Líndá zhǐhǎo cóng jiǔ céng xiàlai,

回学校去找。到了教室,林达进去就看见钥匙在
huí xuéxiào qù zhǎo. Dào le jiàoshì, Líndá jìnqu jiù kànjiàn yàoshi zài

椅子上呢!
yǐzi shang ne!

(1)

David: I'll tell you what happened today. Do you want to hear it, Linda?

Linda: Say it, please.

David: I met a friend today. He came from China!

Linda: Where?

David: At the doorway of a bank. When I was going in, he was coming out.

Linda: You haven't met for a long time, have you?

David: That's right. It was really unexpected. Then we went to a bar together.

Linda: It is just a normal story.

David: Don't rush to conclusion. I met another friend in the bar. He came from America!

Linda: That is very interesting!

David: In the bar we were going upstairs and he was coming downstairs.

Linda: How long haven't you met?

David: It's been almost three years!

Linda: It was more interesting that three of you drank together.

David: We didn't expect to meet there and we were very happy.

Linda: You didn't get drunk, did you?

David: We drank a lot. Later I had to come back by taxi.

(2)

    Linda finished her classes as early as four o'clock today. She went out of the classroom and she wanted to call her friend but found out that her mobile phone disappeared. She immediately went back to the classroom and saw her mobile phone on a desk.

    When Linda got home at the ground floor of the building, she found out that the lift was broken. She had to go up the stairs on foot. Sometimes she climbs up the stairs and it only takes a few minutes. But now her bag was very heavy with many books inside. Finally she got to the ninth floor and almost arrived at home. She was very tired.

Linda was going to take the key from her pocket but there was no key! There wasn't the key in her bag either! What to do? She had to go down the stairs and went back to school to look for it. As soon as she went into the classroom she saw the key on a chair!

新词语 New Words

1	出(来)	chū(lái)	v.	to come out
2	发生	fāshēng	v.	to happen
3	银行	yínháng	n.	bank
	银	yín	n.	silver
4	门口	ménkǒu	n.	doorway
	口	kǒu	n.	entrance
5	久	jiǔ	adj.	long time
6	然后	ránhòu	adv.	later
7	故事	gùshi	n.	story
8	简单	jiǎndān	adj.	simple
9	另	lìng	pron.	another
10	差不多	chàbuduō	adv.	almost the same
11	醉	zuì	v.	to be drunk
12	出租车	chūzūchē	n.	taxi
	租	zū	v.	to rent, to hire
13	教室	jiàoshì	n.	classroom
14	发现	fāxiàn	v.	to discover
15	马上	mǎshàng	adv.	immediately
16	找	zhǎo	v.	to look for

17	看见	kànjiàn	v.	to have seen
18	桌子	zhuōzi	n.	desk, table
19	电梯	diàntī	n.	lift
	梯	tī	n.	ladder
20	楼梯	lóutī	n.	staircase
21	爬	pá	v.	to climb
22	重	zhòng	adj.	heavy
23	好不	hǎobù	adv.	to be placed before some disyllabic adjectives to mean "how..."
24	口袋	kǒudài	n.	pocket
	袋(子)	dài(zi)	n.	bag
25	钥匙	yàoshi	n.	key
26	怎么办	zěnmebàn		what to do
27	椅子	yǐzi	n.	chair

注释 NOTES

① 好不容易(才)："好不容易"is often followed by "才". The phrase means that it is not easy and takes a long time to accomplish a task.

② 累坏了：terribly tired

语法 Grammar

1. 简单趋向补语　Simple complements of direction

"来"和"去"在动词后面,称为趋向补语,表示动作的方向。

"来" and "去" are placed after verbs as complements of direction to indicate the direction of the action.

(1) 用"来"还是用"去",由说话者所在之处决定,"来"表示动作向说话者所在的地方移动,"去"表示从说话者所在的地方离开。

Whether to use "来" or "去" depends on where the speaker is. "来" indicates that the action is moving toward the speaker, while "去" incicates that the action is moving away from the speaker.

(1)	请他进	来	吧。	Ask him to come in. (The speaker is inside.)
(2)	请他进	去	吧。	Ask him to go in. (The speaker is outside.)
(3)	你上	去	吧。	Go up, please. (The speaker is at a lower place.)
(4)	你上	来	吧。	Come up, please. (The speaker is at a higher place.)

(2) "来"和"去"做趋向补语时,后面不能带地点词,地点词要放在"来"和"去"的前边。
When "来" and "去" function as directional complements, words indicating locations should be placed bofore "来" and "去" not after them.

(1)	她回	教室	去。	(wrong sentence: 她回去教室。)
(2)	他下	楼	来了。	(wrong sentence: 他下来楼。)
(3)	我进	办公室	来。	(wrong sentence: 我进来办公室。)
(4)	他打算回	北京	去。	(wrong sentence: 他打算回去北京。)

2. 副词"就"(二) The adverb "就"(2)

"就"用在时间词后、动词前表示动作行为发生的时间早、短、快。("就"表示后一事情接着前一事情发生的用法见第十课语法。)

"就" is placed before a verb to indicate that the happening of the action is brief, quick and early. (See Grammar of Chapter 10 for the use of "就", which indicates that two actions happen one after the other closely.)

| (1) | 林达下午四点 | 就 | 下课了。 | (The action of "下课" happened early.) |
| (2) | 林达几分钟 | 就 | 上去了。 | (The action of "上去" was brief and it took a short time.) |

3. "就"(二)与"才" "就"(2) and "才"

"就"和"才"都是用在时间词后、动词前的副词,"就"表示动作行为发生的时间短、早、快,"才"表示动作发生的时间晚、慢,花费时间长。

Both "就" and "才" are adverbs placed before verbs. "就" indicates that the happening of an action is brief, elarly and quick, while "才" indicates that the happening of an action is late and it takes a long time.

(1)	今天林达四点 昨天林达八点	就 才	下课了。 下课。
(2)	我一个小时 他三个小时	就 才	写了50个汉字。 写了50个汉字。
(3)	到了一层,我 到了九层,林达	就 才	发现钥匙丢了。 发现钥匙丢了。

我要进去,他要出来 When I was going in, he was coming out

练习 Exercises

1. 课文问答练习　Questions and answers on the text

（一）

(1) 大卫在哪儿遇到从中国来的朋友？
Dàwèi zài nǎr yùdào cóng Zhōngguó lái de péngyou?

(2) 林达觉得这个故事怎么样？
Líndá juéde zhège gùshi zěnmeyàng?

(3) 大卫在哪儿遇到从美国来的朋友？
Dàwèi zài nǎr yùdào cóng Měiguó lái de péngyou?

(4) 他们多长时间没见面了？
Tāmen duō cháng shíjiān méi jiànmiàn le?

(5) 林达觉得这个故事怎么样？
Líndá juéde zhège gùshi zěnmeyàng?

(6) 大卫为什么喝了不少酒？
Dàwèi wèi shénme hē le bù shǎo jiǔ?

(7) 大卫是怎么回家的？
Dàwèi shì zěnme huí jiā de?

（二）

(1) 林达下课的时间很早还是很晚？
Líndá xiàkè de shíjiān hěn zǎo háishì hěn wǎn?

(2) 林达从教室出来,打算干什么？
Líndá cóng jiàoshì chūlai, dǎsuàn gàn shénme?

(3) 林达发现什么丢了？
Líndá fāxiàn shénme diū le?

(4) 林达的手机在哪儿？
Líndá de shǒujī zài nǎr?

(5) 林达为什么没坐电梯？
Líndá wèi shénme méi zuò diàntī?

（6）林达的家在几层？
　　　Líndá de jiā zài jǐ céng?

（7）林达有时爬楼梯吗？
　　　Líndá yǒushí pá lóutī ma?

（8）林达为什么累坏了？
　　　Líndá wèi shénme lèi huài le?

（9）到了家门口，林达发现什么丢了？
　　　Dào le jiā ménkǒu, Líndá fāxiàn shénme diū le?

（10）林达的钥匙在哪儿？
　　　Líndá de yàoshi zài nǎr?

2. 根据英语完成下面的句子
Complete the sentences based on English

（1）请你在楼下等一等，_____。
　　　Qǐng nǐ zài lóu xià děng yi děng, (I am going down.)

（2）我在教室里，_____。
　　　Wǒ zài jiàoshì li, (She came in.)

（3）办公室在三层，_____。
　　　Bàngōngshì zài sān céng, (Let's go up.)

（4）外面很冷，_____。
　　　Wàimian hěn lěng, (Please come in.)

（5）那些书在一层，_____。
　　　Nàxiē shū zài yī céng, (Let's go down to get the books.)

（6）火车停了，_____。
　　　Huǒchē tíng le, (Everyone came out.)

（7）你什么时候回学校？_____。
　　　Nǐ shénme shíhou huí xuéxiào? (I'll go back immediately.)

（8）爸爸到了家，他说：_____。
　　　Bàba dào le jiā, tā shuō: (I've come back.)

3. 用"就"或者"才"完成下面的句子
   Complete the sentences by using "就" or "才"

(1) 他吃得很快,十分钟(　　)吃了四个包子。
    Tā chī de hěn kuài, shí fēnzhōng　　chī le sì ge bāozi.

(2) 我星期六晚上十二点(　　)睡觉。
    Wǒ xīngqīliù wǎnshang shí'èr diǎn　　shuìjiào.

(3) 弟弟十八岁(　　)工作了,我二十五岁(　　)工作。
    Dìdi shíbā suì　　gōngzuò le, wǒ èrshíwǔ suì　　gōngzuò.

(4) 妈妈五点(　　)起床了,我十点(　　)起床。
    Māma wǔ diǎn　　qǐchuáng le, wǒ shí diǎn　　qǐchuáng.

(5) 林达有时几分钟(　　)上去了,今天二十分钟(　　)上去。
    Líndá yǒushí jǐ fēnzhōng　　shàngqu le, jīntiān èrshí fēnzhōng　　shàngqu.

(6) 从北京到东京,坐飞机三个小时(　　)到了,到美国
    Cóng Běijīng dào Dōngjīng, zuò fēijī sān ge xiǎoshí　　dào le, dào Měiguó
    十一个小时(　　)到。
    shíyī ge xiǎoshí　　dào.

4. 看图画说句子,用"来"或"去"作趋向补语
   Make sentences according to the pictures by using "V+来"或"V+去"

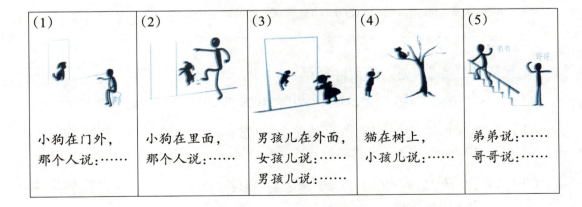

(1) 小狗在门外,那个人说:……
(2) 小狗在里面,那个人说:……
(3) 男孩儿在外面,女孩儿说:……男孩儿说:……
(4) 猫在树上,小孩儿说:……
(5) 弟弟说:……哥哥说:……

5. 把下面的句子改用"好不容易才"表达
Rewrite the following sentences by using "好不容易才"

> 他骑了三个小时才到学校。→他好不容易才到学校。

（1）我爬了十多分钟才到九层。
Wǒ pá le shí duō fēnzhōng cái dào jiǔ céng.
_____。

（2）我用了半个小时才写了十个汉字。
Wǒ yòng le bàn ge xiǎoshí cái xiě le shí ge Hànzì.
_____。

（3）他学了十年才会说汉语。
Tā xué le shí nián cái huì shuō Hànyǔ.
_____。

（4）他学了两个月才会骑马。
Tā xué le liǎng ge yuè cái huì qí mǎ.
_____。

（5）他走了一个小时才到朋友家。
Tā zǒu le yí ge xiǎoshí cái dào péngyou jiā.
_____。

（6）我们坐火车坐了十多个小时才到英国。
Wǒmen zuò huǒchē zuò le shí duō ge xiǎoshí cái dào Yīngguó.
_____。

6. 根据所给的词完成下面的会话
Complete the following dialogues according to the given words

（1）A：你什么时候回北京去？　　B：_____　（下个月）
Nǐ shénme shíhou huí Běijīng qu?

（2）A：他什么时候回欧洲来？　　B：_____　（下个星期）
Tā shénme shíhou huí Ōuzhōu lai?

（3）A：你怎么回学校去？　　B：_____　（坐火车）
Nǐ zěnme huí xuéxiào qu?

(4) A：你怎么回学校来？　　　B：_____　　　（坐公共汽车）
　　　Nǐ zěnme huí xuéxiào lai?

(5) A：为什么不坐电梯？　　　B：_____　　　（坏了）
　　　Wèi shénme bú zuò diàntī?

(6) A：为什么不接电话？　　　B：_____　　　（坏了）
　　　Wèi shénme bù jiē diànhuà?

(7) A：你星期天几点起床？　　B：_____　　　（才）
　　　Nǐ xīngqītiān jǐ diǎn qǐchuáng?

(8) A：你星期一几点起床？　　B：_____　　　（就）
　　　Nǐ xīngqīyī jǐ diǎn qǐchuáng?

7. 用下面的汉字填空　Fill in the blanks with the given words

（A）	兴	遇	酒	去	来	多	少	银	车	另
	xìng	yù	jiǔ	qù	lái	duō	shǎo	yín	chē	lìng

今天，大卫 1_____ 到了一个朋友。在 2_____ 行门口，他要进 3_____，那个朋友要出 4_____。两个人很高 5_____，就一起去 6_____ 吧了。在那儿他们遇到 7_____ 一个朋友，他们差不 8_____ 三年没见面了。他们喝了不 9_____ 酒，只好坐出租 10_____ 回来了。

（B）	坏	从	上	进	发	重	才	去	下	口
	huài	cóng	shàng	jìn	fā	zhòng	cái	qù	xià	kǒu

林达到了楼下，1_____ 现楼里的电梯 2_____ 了。林达只好 3_____ 楼梯上去。她的书包很 4_____，好不容易 5_____ 到了九层。可是 6_____ 袋里没有钥匙！她只好 7_____ 楼去，马上回学校 8_____ 找。到了教室，林达 9_____ 去就看见，钥匙在椅子 10_____！

8. 课堂活动 Classroom Activities

Complete the dialogues according to the text.
A：林达的家在几层？
B：在九层。
A：……

9. 听力练习　Listening comprehension

（1）A 银行　里面　　　　　　B 银行　外面
　　　yínháng lǐmian　　　　　 yínháng wàimian

（2）A 上面　　　　　　　　　B 下面
　　　shàngmian　　　　　　　 xiàmian

（3）A 不容易　　　　　　　　B 很容易
　　　bù róngyì　　　　　　　 hěn róngyì

（4）A 来得晚　　　　　　　　B 来得早
　　　lái de wǎn　　　　　　　 lái de zǎo

（5）A 回去得早　　　　　　　B 回去得晚
　　　huíqu de zǎo　　　　　　 huíqu de wǎn

10. 用所给的词语把下面的句子翻译成汉语
Translate the sentences into Chinese by using the given words

(1) He will come back immediately.　　　　马上
(2) He likes mountain climbing.　　　　　　爬
(3) I am looking for my key.　　　　　　　 找
(4) We haven't met for almost a year.　　 差不多
(5) I didn't expect to see you here.　　　没想到

11. 写作练习（100个汉字左右）　Writing Exercise

题目：林达找钥匙
Topic: Linda looked for her key

语音练习　Pronunciation drills

朗读下面的词语　Read aloud the following words

1	2	3	4	5	6
椅子 yǐzi	楼梯 lóutī	故事 gùshi	出租车 chūzūchē	门口 ménkǒu	差不多 chàbuduō
桌子 zhuōzi	电梯 diàntī	大事 dàshì	出租房子 chūzū fángzi	进口 jìnkǒu	差得多 chà de duō
梯子 tīzi	木梯 mù tī	小事 xiǎoshì	出租自行车 chūzū zìxíngchē	出口 chūkǒu	差很多 chà hěn duō

12 你怎么还在 床 上 躺着？
Nǐ zěnme hái zài chuáng shang tǎng zhe?
Why are you still lying in bed?

课文 Text

（一）It was ten o'clock in the morning. Xiaowen and Linda came to David's room.

林达：　　大卫，你怎么了？还在 床上 躺着，病了吗？
Líndá　　Dàwèi, nǐ zěnme le? Hái zài chuáng shang tǎng zhe, bìng le ma?

大卫：　　我有点儿不舒服，头疼，肚子也有点儿疼。
Dàwèi　　Wǒ yǒudiǎnr bù shūfu, tóu téng, dùzi yě yǒudiǎnr téng.

林达：　　你发烧吗？
Líndá　　Nǐ fāshāo ma?

大卫：　　38 度。
Dàwèi　　Sānshíbā dù.

小文：　　你可能是感冒了，得去医院检查一下。
Xiǎowén　　Nǐ kěnéng shì gǎnmào le, děi qù yīyuàn jiǎnchá yíxià.

大卫：　　我不喜欢医院，不想 去。
Dàwèi　　Wǒ bù xǐhuan yīyuàn, bù xiǎng qù.

林达：　　我给你讲一个故事吧。
Líndá　　Wǒ gěi nǐ jiǎng yí ge gùshi ba.

大卫：　　好，请讲吧！
Dàwèi　　Hǎo, qǐng jiǎng ba!

林达：　　在 中国 古代，有个国王 叫 蔡桓公，他很不喜欢
Líndá　　Zài Zhōngguó gǔdài, yǒu ge guówáng jiào Càihuángōng, tā hěn bù xǐhuan

　　　　医生。
　　　　yīshēng.

小文: 是扁鹊的故事吧？扁鹊是古代最有名的医生。

林达: 有一天，扁鹊对国王说，他病了，需要吃药。

小文: 可是，国王不相信他的话，扁鹊只好走了。

大卫: 后来呢？

林达: 扁鹊第二次看见国王，又说他得吃药。

小文: 他一共说了三四次，可是国王不相信他。

林达: 最后，国王知道自己有病的时候，已经太晚了。

大卫: 女士们，谢谢你们的故事。我现在是"国王"，我去看"扁鹊"吧。

（二）

扁鹊见蔡桓公①

扁鹊是古代很有名的医生。有一天，国王派人请扁鹊来见面。国王在椅子上坐着，扁鹊在旁边站着。过了一会儿，扁鹊说："您的身体有一点儿小病②，您吃一点儿药吧！"国王听了很不高兴，扁鹊只好走了。

过了十天，国王又派人请扁鹊来王宫。扁鹊站着
Guò le shí tiān, guówáng yòu pài rén qǐng Biǎnquè lái wánggōng. Biǎnquè zhàn zhe
看了一会儿，认真地说："您的病比上次严重，您得
kàn le yíhuìr, rènzhēn de shuō: "Nín de bìng bǐ shàng cì yánzhòng, nín děi
吃药！"国王有点儿②生气了，说："我很健康！"第三次
chī yào!" Guówáng yǒudiǎnr shēngqì le, shuō: "Wǒ hěn jiànkāng!" Dì sān cì
看见国王的时候，扁鹊说："您的病更严重了，得马上
kànjiàn guówáng de shíhou, Biǎnquè shuō: "Nín de bìng gèng yánzhòng le, děi mǎshàng
吃药！"国王还是不相信，生气地说："你为什么总是
chī yào!" Guówáng háishi bù xiāngxìn, shēngqì de shuō: "Nǐ wèi shénme zǒngshì
让我吃药？"
ràng wǒ chī yào?"

第四次，扁鹊看见国王，他没说话，只站了几分钟，
Dì sì cì, Biǎnquè kànjiàn guówáng, tā méi shuō huà, zhǐ zhàn le jǐ fēnzhōng,
就走了。国王觉得有点儿奇怪，派人去问原因，扁鹊说，
jiù zǒu le. Guówáng juéde yǒudiǎnr qíguài, pài rén qù wèn yuányīn, Biǎnquè shuō,
国王的病已经很严重了，他也没办法了。过了五天，
guówáng de bìng yǐjīng hěn yánzhòng le, tā yě méi bànfǎ le. Guò le wǔ tiān,
国王觉得很不舒服，就派人去找扁鹊，可是，扁鹊已经
guówáng juéde hěn bù shūfu, jiù pài rén qù zhǎo Biǎnquè, kěshì, Biǎnquè yǐjīng
带着他的家人逃走了，去了很远的地方。
dài zhe tā de jiārén táo zǒu le, qù le hěn yuǎn de dìfang.

(1) It was ten o'clock in the morning. Xiaowen and Linda came to David's room.

Linda: David, what's the matter with you? You are still lying in bed. Are you ill?

David: I feel a bit uncomfortable and I've got a headache and stomach-ache.

Linda: Do you have a fever?

David: 38 degrees.

Xiaowen: You've caught a cold and you must go to hospital for a check-up.

David: I don't like hospital. I don't want to go to hospital.

Linda: Let me tell you a story.

David:	Go ahead.
Linda:	In ancient China there was a king called Caihuangong. He didn't like doctors.
Xiaowen:	It's a story of Bianque, isn't it? He was the most famous doctor in ancient China.
Linda:	One day Bianque told the king that he was sick and needed to take some medicine.
Xiaowen:	But the king didn't believe him and the doctor had to go away.
David:	What happened then?
Linda:	When Bianque saw the king for the second time, again he told the king that he must take some medicine.
Xiaowen:	The doctor had said it altogether three or four times but the king didn't believe him.
Linda:	Finally the king realized that he was sick, but it was too late.
David:	Ladies, Thank you for your story. Now I am a "king" and I am going to see "Bianque".

(2)

Bianque meets Caihuangong

Bianque was a well-known doctor in ancient China. One day the king sent for Bianque to see him. The king was sitting on a chair and Baianque was standing beside him. After a while, Bianque said: "Your Highness, you have a minor ailment. Please take some medicine." The king heard it and was very upset, so that Bianque had to go away.

Ten days later the king sent for Bianque to the royal palace again. Bianque observed the king while standing there and said seriously: "Your Highness, your illness is getting more serious than last time. You must take some medicine." The king got a bit angry and said: " I am very healthy!" The third time when Bianque saw the king, he said: "Your illness is getting even more serious and you must take some medicine immediately." But the king still didn't believe it and said angrily: "Why do you always ask me to take medicine?"

On the fourth time when Bianque saw the king, he didn't say a word and he stood there for a few minutes and then went away. The king felt a bit strange and sent someone to ask for the reason. Bianque said that the king had a very serious illness and there was nothing he could do about it. Five days later, the king felt uncomfortable and sent for Bianque. But Banquet had run away with his family to a faraway place.

新词语 New Words

1	躺	tǎng	v.	to lie (in bed)
2	着	zhe	part.	a particle placed after verbs to indicate the continuation of verbal situations
3	有点儿	yǒudiǎnr	adv.	(of unsatisfying matters) a bit
4	头疼	tóuténg	adj.	headache
	头	tóu	n.	head
	疼	téng	adj.	ache
5	肚子	dùzi	n.	stomach
6	发烧	fā shāo	v.p.	to have a fever
	烧	shāo	v.	to burn
7	度	dù	n.	(of temperature) degree
8	可能	kěnéng	m.v./n.	may be; possibility
9	感冒	gǎnmào	v./n.	to catch a cold; cold
10	检查	jiǎnchá	v./n.	to check; self-criticism
11	讲	jiǎng	v.	to tell (story)
12	古代	gǔdài	n.	ancient time
	古	gǔ	adj.	ancient
13	国王	guówáng	n.	king
	王	wáng	n.	king
14	蔡桓公	Càihuángōng	p.n.	Caihuangong
15	扁鹊	Biǎnquè	p.n.	Bianque

16	需要	xūyào	v.	to need
17	后来	hòulái	n.	later
18	最后	zuìhòu	n.	at the end, finally
19	女士	nǚshì	n.	lady, Ms.
20	派	pài	v.	to send a person (to do an assignment)
21	站	zhàn	v.	to stand
22	王宫	wánggōng	n.	royal palace
	宫	gōng	n.	palace
23	地	de	part.	particle
24	严重	yánzhòng	adj.	serious
25	生气	shēng qì	v.p.	to be angry
26	健康	jiànkāng	adj./n.	healthy; health
27	说话	shuō huà	v.p.	to say something
28	奇怪	qíguài	adj.	strange
29	原因	yuányīn	n.	reason
30	办法	bànfǎ	n.	method (of solving problems)
31	逃走	táozǒu	v.	to run away

注释 NOTES

① 扁鹊见蔡桓公 (Biǎnquè jiàn Càihuángōng): "Bianque Meets Caihuangong" is an ancient Chinese story. Bianque was a famous doctor and Caihuangong was a king in the period of Warring States (400BC–357BC).

② In the sentence "您的身体有一点儿小病": "一点儿" is a numeral measure word, which means "a little (something)", while in the sentence "我有(一)点儿不舒服", "有(一)点儿" is an adverb used to describe an unsatisfying situation.

语法 Grammar

1. 助词"着"　The particle "着"

"着"(发音为"zhe")在动词后面,有两种功能:
"着"(pronounced as "zhe") is placed after verbs to have two functions.

(1) 放在"坐/站/躺/走"等一些长时间进行的动词后面,表示动作的状态一直持续,描写性很强。
It indicates continuing state of an action when placed after verbs such as "坐/站/躺/走". This structure is used to describe a situation.

(2) 句中有两个动词,前一动词带"着",描写后一动作进行的伴随动作状态。
Of the two verbs in a sentence, the first verb with "着" describes in which manner the action of the second verb takes place.

Describing a continuing state of an action.	Describing in which manner the action of the second verb takes place.
(1) 大卫在床上躺着。	(1) 扁鹊站₁着看₂了一会儿。
(2) 医生站着,国王坐着。	(2) 她躺₁着听₂音乐。
(3) 一位老人在路上走着。	(3) 扁鹊带₁着他的家人逃走₂了。

比较正在进行的动作和状态的持续
Compare the expressions of progressing actions with that of continues situations

	The action is progressing.	The situation continues.
(1)	他正在穿鞋。 He is pacting on shoes.	他穿着鞋。 He is wearing a pair of shoes.
(2)	他正在开门。 He is opening the door.	门开着。 The door is open.
(3)	他正在从书架上拿书。 He is taking a book from the bookshelf.	他拿着一本书。 He is holding a book in his hand.

2. 状语(一)"地"　Adverbial (1) "地"

在动词前描写说明动作情态的是状语,多数状语和动词之间的连接需要用"地"(发音为"de"),"地"是状语的标志。

Words placed before verbs to describe and indicate manners of actions are adverbials. "地"(pronounced as "de") is needed between adverbials and verbs in many cases. "地" is the marker of adverbial.

你怎么还在床上躺着？Why are you still lying in bed?

(1)	扁鹊认真	地	说。	Bianque said seriously.
(2)	国王生气	地	说。	The king said angrily.
(3)	学生们安静	地	坐着。	Students are sitting quietly.

练习 Exercises

1. 课文问答练习 Questions and answers on the text

（一）

(1) 大卫怎么了？
Dàwèi zěnme le?

(2) 他发烧吗？
Tā fāshāo ma?

(3) 小文和林达建议大卫做什么？
Xiǎowén hé Líndá jiànyì Dàwèi zuò shénme?

(4) 大卫为什么不想去医院？
Dàwèi wèi shénme bù xiǎng qù yīyuàn?

(5) 小文和林达讲了什么故事？
Xiǎowén hé Líndá jiǎng le shénme gùshi?

(6) 医生第一次看见国王说什么？
Yīshēng dì yī cì kànjiàn guówáng shuō shénme?

(7) 国王相信医生的话吗？
Guówáng xiāngxìn yīshēng de huà ma?

(8) 大卫现在要去哪儿？
Dàwèi xiànzài yào qù nǎr?

（二）

(1) 扁鹊是什么人？
Biǎnquè shì shénme rén?

(2) 第一次见面，扁鹊站着，国王呢？
Dì yī cì jiànmiàn, Biǎnquè zhàn zhe, guówáng ne?

第十二课 Lesson 12

(3) 扁鹊 说 什么？
　　Biǎnquè shuō shénme?

(4) 国王 相信 医生 的话 吗？
　　Guówáng xiāngxìn yīshēng de huà ma?

(5) 第二次见面，扁鹊 说 什么？国王 说 什么？
　　Dì èr cì jiànmiàn, Biǎnquè shuō shénme? Guówáng shuō shénme?

(6) 第三次见面，扁鹊 说 什么？国王 说 什么？
　　Dì sān cì jiànmiàn, Biǎnquè shuō shénme? Guówáng shuō shénme?

(7) 第四次见面，扁鹊 为什么 没 说话？
　　Dì sì cì jiànmiàn, Biǎnquè wèi shénme méi shuōhuà?

(8) 过了五天，国王 为什么 又派人找 扁鹊？
　　Guò le wǔ tiān, guówáng wèi shénme yòu pài rén zhǎo Biǎnquè?

(9) 扁鹊 来了吗？为什么？
　　Biǎnquè lái le ma? Wèi shénme?

2. 用所给的词语描写图片（注意用"v+着"）
Describe the pictures by using the given words (try to use "V+着")

(1) 扁鹊 和 国王 见面，（站），（坐）
　　Biǎnquè hé guówáng jiànmiàn, zhàn　zuò
　　_____。

(2) 他们 正在 上课，（站），（坐）
　　Tāmen zhèngzài shàngkè, zhàn　zuò
　　_____。

(3) 我 回家的时候，（在椅子上,坐）
　　Wǒ huí jiā de shíhou, zài yǐzi shang　zuò
　　_____。

(4) 她 正在 打电话，（手里，拿）
　　Tā zhèngzài dǎ diànhuà, shǒu li　ná
　　_____。

(5) 他去 上课，（手里，拿）
　　Tā qù shàngkè, shǒu li　ná
　　_____。

（6）这个女孩儿很漂亮，（穿，很长 的裙子）
　　　Zhège nǚháir hěn piàoliang, chuān hěn cháng de qúnzi
　　　_____。

（7）小狗 很 高兴，　　（在树下，站）
　　　Xiǎo gǒu hěn gāoxìng, zài shù xià zhàn
　　　_____。

（8）这个门　　　　　（开）
　　　Zhège mén　　　　kāi
　　　_____。

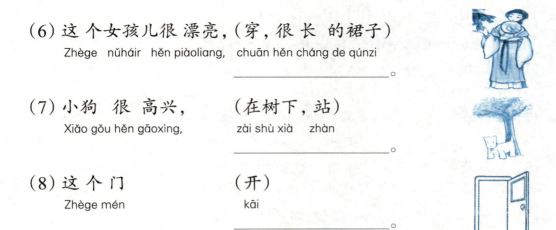

3. 选择下面的词语，用"……地"的形式完成下面的句子
Complete the sentences by using "……地" structure with the given words

| 安静 | 高兴 | 生气 | 认真 | 着急 | 简单 |
| ānjìng | gāoxìng | shēngqì | rènzhēn | zháojí | jiǎndān |

例如：我（努力地）工作。

（1）孩子们 正在（　　　　）玩儿。
　　　Háizi men zhèngzài　　　　wánr.

（2）他（　　　　）写 汉字。
　　　Tā　　　　xiě Hànzì.

（3）她很（　　　　）说："我的手机丢了！"
　　　Tā hěn　　　　shuō:" Wǒ de shǒujī diū le!"

（4）请 你（　　　　）介绍一下，好 吗？
　　　Qǐng nǐ　　　　jièshào yíxià, hǎo ma?

（5）学生 们 在 图书馆里（　　　　）看书。
　　　Xuésheng men zài túshūguǎn li　　　　kàn shū.

（6）国王（　　　　）说："我 没有 病！"
　　　Guówáng　　　　shuō:" Wǒ méiyǒu bìng!"

4. 用"有点儿"或"一点儿"填空
Fill in the blanks with "有点儿" or "一点儿"

(1) 他会说_____汉语。
　　Tā huìshuō　　　　　　Hànyǔ.

(2) 今天我_____不舒服,不去上课了。
　　Jīntiān wǒ　　　　bù shūfu, bú qù shàngkè le.

(3) 我只有_____时间,请你快说吧。
　　Wǒ zhǐyǒu　　　　shíjiān, qǐng nǐ kuài shuō ba.

(4) 天气_____冷,我们别出去了。
　　Tiānqì　　　　lěng, wǒmen bié chūqù le.

(5) 下雪了,天气很冷,多穿_____衣服。
　　Xià xuě le, tiānqì hěn lěng, duō chuān　　　　yīfu.

(6) 你说他不聪明,他_____生气了。
　　Nǐ shuō tā bù cōngming, tā　　　　shēngqì le.

5. 完成对话　Complete the following dialogues

医生:_____,_____? 病人:我有点儿不舒服。
yīshēng:　　　　　　　　　　　　　bìngrén: Wǒ yǒudiǎnr bù shūfu.

医生:_____? 病人:我发烧。
yīshēng:　　　　　　　　　　　bìngrén: Wǒ fāshāo.

医生:_____? 病人:39度。
yīshēng:　　　　　　　　　　　bìngrén: Sānshíjiǔ dù.

医生:_____? 病人:肚子有点儿疼。
yīshēng:　　　　　　　　　　　bìngrén: Dùzi yǒudiǎnr téng.

医生:你得去检查一下。 病人:_____。
yīshēng: Nǐ děi qù jiǎnchá yíxià.　bìngrén:

6. 用下面的汉字填空　Fill in the blanks with the given words

（A）	医	发	服	着	头	想	古	故	讲	信
	yī	fā	fú	zhe	tóu	xiǎng	gǔ	gù	jiǎng	xìn

今天大卫1____疼,肚子也疼,2____烧,特别不舒3____。他在

床上躺 4____。他感冒了，得去 5____院检查一下。可是他不 6____去医院。小文给他 7____了一个故事，是 8____代一个国王不相 9____医生的故事。大卫听了 10____事，就去医院了。

(B)	地	派	信	王	法	点	相	严	药	次
	de	pài	xìn	wáng	fǎ	diǎn	xiāng	yán	yào	cì

国王 1____人请医生来 2____宫。医生说，国王有一 3____儿小病，得马上吃 4____，可是国王不 5____信。医生第二 6____看见国王，认真 7____说，国王的病 8____重了。国王还是不相 9____，医生没有办 10____，只好走了。

7. 课堂活动　Classroom Activities

Make dialogues with one student playing the role of doctor and the other one playing the role of patient. Try to use the following words:

病	感冒	发烧	肚子	疼	需要	严重	检查	药
bìng	gǎnmào	fāshāo	dùzi	téng	xūyào	yánzhòng	jiǎnchá	yào

例如：医生：你怎么了？
　　　病人：我头疼。
　　　……

8. 听力练习　Listening comprehension

(1) A 因为很舒服　　　　　　B 因为病了
　　　yīnwèi hěn shūfu　　　　　yīnwèi bìng le

(2) A 肚子疼　　　　　　　　B 头疼
　　　dùzi téng　　　　　　　　tóu téng

(3) A 发烧了　　　　　　　　B 没发烧
　　　fāshāo le　　　　　　　　méi fāshāo

(4) A 去医院　　　　　　　　B 休息
　　　qù yīyuàn　　　　　　　　xiūxi

（5）A 很 严重　　　　　　　　B 不 严重
　　　 hěn yánzhòng　　　　　　　bù yánzhòng

9. 用所给的词语把下面的句子翻译成汉语
Translate the sentences into Chinese by using the given words

(1) He needs a dictionary.　　　　　需要

(2) The problem is very serious.　　严重

(3) He was a strange man.　　　　　奇怪

(4) He often tells stories.　　　　　　讲

(5) Today he is a bit tired.　　　　　有点儿

10. 写作练习（100个汉字左右）　Writing Exercise

题目：国王和扁鹊的故事
Topic: The story of a king and Bianque

语音练习　Pronunciation drills

朗读下面的词语　Read aloud the following words

1	2	3	4	5	6
坐着 zuò zhe	头疼 tóu téng	国王 guówáng	生病 shēng bìng	女士 nǚshì	奇怪 qíguài
站着 zhàn zhe	手疼 shǒu téng	王后 wánghòu	小病 xiǎo bìng	男士 nánshì	奇人 qí rén
躺着 tǎng zhe	肚子疼 dùzi téng	王宫 wánggōng	看病 kàn bìng	人士 rénshì	奇事 qí shì

13 你说 对了
Nǐ shuō duì le
You said it correctly

课文　Text

（一）（在林达的宿舍）　In Linda's dormitory

马可：　林达，明天 有考试吧？
Mǎkě　　Líndá, míngtiān yǒu kǎoshì ba?

林达：　对，我正在 准备呢。一起复习吧！
Líndá　　Duì, wǒ zhèngzài zhǔnbèi ne. Yìqǐ fùxí ba!

马可：　复习也是学习，有一句老话，"温故而知新①"。
Mǎkě　　Fùxí yě shì xuéxí, yǒu yí jù lǎohuà, "Wēn gù ér zhī xīn".

林达：　是孔子②说的吧？
Líndá　　Shì Kǒngzǐ shuō de ba?

马可：　你说 对了。我喜欢这个句子，就记住了，可是很
Mǎkě　　Nǐ shuō duì le. Wǒ xǐhuan zhège jùzi, jiù jì zhù le, kěshì hěn

　　　　多词我都忘记了。
　　　　duō cí wǒ dōu wàngjì le.

林达：　我也很喜欢这句话。我们互相帮助吧，这是
Líndá　　Wǒ yě hěn xǐhuan zhè jù huà. Wǒmen hùxiāng bāngzhù ba, zhè shì

　　　　很好的学习方法。
　　　　hěn hǎo de xuéxí fāngfǎ.

马可：　那我先考你。
Mǎkě　　Nà wǒ xiān kǎo nǐ.

林达：　行，你考吧。
Líndá　　Xíng, nǐ kǎo ba.

马可：　现在听写，第一个："水"。
Mǎkě　　Xiànzài tīngxiě, dì yī ge: "shuǐ".

林达： 这个汉字太容易了。我写好了。你看，我写
Líndá   Zhège Hànzì tài róngyì le. Wǒ xiě hǎo le. Nǐ kàn, wǒ xiě

对了吗？
duì le ma?

马可： 很好，写对了。第二个："冰激凌"。
Mǎkě   Hěn hǎo, xiě duì le. Dì èr ge: "bīngjīlíng".

林达： 这么难的字，我不会写。你会写吗？
Líndá   Zhème nán de zì, wǒ bú huì xiě. Nǐ huì xiě ma?

马可： 我会，因为我爱吃冰激凌，现在我想吃了。
Mǎkě   Wǒ huì, yīnwèi wǒ ài chī bīngjīlíng, xiànzài wǒ xiǎng chī le.

林达： 好，你一边吃冰激凌，一边考试。现在我考你。
Líndá   Hǎo, nǐ yìbiān chī bīngjīlíng, yìbiān kǎoshì. Xiànzài wǒ kǎo nǐ.

马可： 好吧。
Mǎkě   Hǎo ba.

林达： 请写"西瓜"。因为我想吃西瓜了。
Líndá   Qǐng xiě "xīguā". Yīnwèi wǒ xiǎng chī xīguā le.

马可： 西瓜？没有了，我都吃完了。
Mǎkě   Xīguā? Méiyǒu le, wǒ dōu chī wán le.

林达： 你什么时候去买？
Líndá   Nǐ shénme shíhou qù mǎi?

马可： 现在考试结束，我马上去买西瓜。
Mǎkě   Xiànzài kǎoshì jiéshù, wǒ mǎshàng qù mǎi xīguā.

林达： 等一等，你还没考完呢！
Líndá   Děng yi děng, nǐ hái méi kǎo wán ne!

（二）

上 星期，林达和同学们有一个汉字考试，一共有
Shàng xīngqī, Líndá hé tóngxué men yǒu yí ge Hànzì kǎoshì, yígòng yǒu

一百个汉字。林达考得很好,她写对了九十九个,
yìbǎi ge Hànzì. Líndá kǎo de hěn hǎo, tā xiě duì le jiǔshíjiǔ ge,
只写错了一个。同学们说,林达是汉字专家,水平很高,
zhǐ xiě cuò le yí ge. Tóngxué men shuō, Líndá shì Hànzì zhuānjiā, shuǐpíng hěn gāo,
请她介绍一下学习方法。
qǐng tā jièshào yíxià xuéxí fāngfǎ.

林达觉得汉字很难,也很有意思,她越来越有兴趣,
Líndá juéde Hànzì hěn nán, yě hěn yǒu yìsi, tā yuèláiyuè yǒu xìngqù,
已经学会写很多汉字了。她说,一个"木"表示一棵
yǐjīng xué huì xiě hěn duō Hànzì le. Tā shuō, yí ge "mù" biǎoshì yì kē
"树";两个"木"就是"林",意思是有很多树的地方;三个
"shù"; liǎng ge "mù" jiù shì "lín", yìsi shì yǒu hěn duō shù de dìfang; Sān ge
"木"就是"森",意思是很大很大的"林"。还有,汉字的
"mù" jiù shì "sēn", yìsi shì hěn dà hěn dà de "lín". Háiyǒu, Hànzì de
偏旁"氵(三点水)"跟水有关系,汉字"河、湖、海"都有一
piānpáng "氵(sān diǎn shuǐ)" gēn shuǐ yǒu guānxi, Hànzì "hé, hú, hǎi" dōu yǒu yí
样的偏旁。学习偏旁能帮助自己记住汉字,知道汉字
yàng de piānpáng. Xuéxí piānpáng néng bāngzhù zìjǐ jì zhù Hànzì, zhīdao Hànzì
的意思。她说,用这个方法,一定能学好汉字。学好
de yìsi. Tā shuō, yòng zhège fāngfǎ, yídìng néng xué hǎo Hànzì. Xué hǎo
汉字,就能读懂汉语报纸,看懂中文书了。
Hànzì, jiù néng dú dǒng Hànyǔ bàozhǐ, kàn dǒng Zhōngwén shū le.

(1) At Linda's dormitory

Mark: Linda, there is an exam tomorrow, isn't there?

Linda: Yes, I am preparing for it. Let's do the review together.

Mark: Reviewing is studying. There is an old saying:" Learning new things by reviewing the old."

Linda: This is a saying of Confucius, isn't it?

Mark: You got it right. I like it so that I've memorised it, but I've forgotten many words.

Linda: I like this saying very much, too. Let's help each other. This is a good way to study.

Mark: First, let me give you a test.

Linda: Fine, just do it.
Mark: Now, let's have a dictation. The first word: "shuǐ".
Linda: This word is very easy. I have done it. Have a look. Did I write it correctly?
Mark: Yes, you wrote it correctly. The second word: "bīngjīlíng".
Linda: Such difficult characters, I cannot write them. Can you write them?
Mark: I can, because I love ice-cream and I want to have it now.
Linda: All right, you can have ice-cream while taking a test. Now let me give you a test.
Mark: All right.
Linda: Please write the word: "xīguā", because I want to eat watermelon now.
Mark: Watermelon? No more left and I have eaten all of it.
Linda: When are you going to buy one?
Mark: The test is over and I'm going to buy a watermelon at once.
Linda: Wait a moment. You haven't done the test yet!

(2)

Last week Linda and her classmates had a test of Chinese characters, in which there were one hundred characters. Linda did it well and she got 99 correct and made only one mistake. Her classmates say that she is a high-level "expert" of Chinese characters and ask her to tell about her method of study.

Linda thinks that Chinese characters are very difficult but interesting as well. She gets more and more interested and has learnt to write many of them. She says that one "木" expresses the meaning of a tree (树) and two "木" mean a forest (林), which means a place with many trees. Three "木" mean a big forest (森), which means a place with plenty of trees. Besides, the meaning of radical "氵(three drops of water)" is associated with water and it is in the words such as "河、湖、海". Studying the radicals helps to memorize the characters and know their meanings as well. She says that by using this method she will be able to learn Chinese characters well so that she will be able to read and understand Chinese newspaper as well as books in Chinese.

新词语 New Words

1	考试	kǎoshì	n./v.p.	test; to test
	考	kǎo	v.	to test
2	复习	fùxí	v.	to review
3	温故而知新	wēn gù ér zhī xīn		"Learning the new by reviewing the old"
4	孔子	Kǒngzǐ	p.n.	Confucius
5	句子	jùzi	n.	sentence
6	记	jì	v.	to remember
7	词	cí	n.	word
8	互相	hùxiāng	adv.	each other
9	帮助	bāngzhù	v.	to help
10	方法	fāngfǎ	n.	method (of doing things)
11	行	xíng	v.	Ok
12	听写	tīngxiě	v.	to dictate
13	冰激凌	bīngjīlíng	n.	ice-cream
14	一边	yìbiān	conj.	while
15	西瓜	xīguā	n.	watermelon
16	结束	jiéshù	v.	to finish
17	完	wán	v.	to finish
18	越来越	yuèláiyuè		more and more
19	木	mù	n.	wood
20	表示	biǎoshì	v.	to express
21	林	lín	n.	forest
22	意思	yìsi	n.	meaning
23	森(林)	sēn(lín)	n.	forest

24	偏旁	piānpáng	n.	radical
25	关系	guānxi	n.	relation
26	河	hé	n.	river
27	湖	hú	n.	lake
28	读	dú	v.	to read, to read aloud
29	懂	dǒng	v.	to understand
30	报纸	bàozhǐ	n.	newspaper
31	中文	Zhōngwén	p.n.	Chinese

注释 NOTES

① 温故而知新：Learning new things by reviewing the old.

② 孔子(551BC—479BC)：Confucius, well-known philosopher and educationist of ancient China.

语法 Grammar

1. 结果补语 Complements of result

（1）放在动词后，表示动作达到目的或者有了结果的成分，叫结果补语。例如"学会、看懂、吃完"等。

Complements of result are words following verbs to indicate that a purpose or a result of the action has been achieved, for example, "学会、看懂、吃完" etc.

（2）结果补语的否定式是在动词前加"没(有)"，动词或句末不需用"了"。

The negative form is made by placing "没(有)" before the verb. "了" is not needed at the end of the sentence.

(1)	我	写	好	这个汉字	了	。	I've finished the writing of this character.
	她	学	会	开车	了	。	She has learnt how to drive.
	我	写	错	这个汉字	了	。	I've written the character incorrectly.

	我	写	对	这个汉字	了	。	I've written the character correctly.
(2)	你	看	完	那本书	了	吗？	Have you finished (reading) the book?
	你们	听	懂		了	吗？	Did you understand (what you had heard)?
	我没有	记	住	这个句子。			I didn't memorise the sentence.
	我没	听	懂。				I didn't understand (what I had heard).

2. "一边……一边……"

"一边……一边……"分别用在句子前后两个动词前，表示这两个动作正在同时进行，或者在一段时间里同时进行。例如：

"一边……一边……" are used separately before the two verbs in a sentence to indicate that the two actions are happening simutaniusly at the moment or during a period of time.

(1)	我	一边	吃饭，	一边	看电视。
(2)	他们	一边	喝茶，	一边	聊天儿。
(3)	很多大学生	一边	学习，	一边	工作。

3. "越来越……"

"越来越……"表示程度不断提高，这种表达方法类似英语的"taller and taller, better and better"结构，句末也可以有"了"，表示变化的意思。

"越来越……" indicating that the degree gets higher and higher and it is similar to " taller and taller, better and better" structure in English. "了" can be placed at the end of the sentence to indicate that the situation has changed.

(1)	她	越来越	有兴趣(了)。	She is getting more and more interested.
(2)	孩子们	越来越	高(了)。	The children are getting taller and taller.
(3)	他的身体	越来越	好(了)。	He is getting more and more healthy.

练习 Exercises

1. 课文问答练习　Questions and answers on the text

（一）

(1) 什么时候有考试？
Shénme shíhou yǒu kǎoshì?

(2) 林达正在干什么？
Líndá zhèngzài gàn shénme?

(3) 什么是很好的学习方法？
Shénme shì hěn hǎo de xuéxí fāngfǎ?

(4) 马可让林达写的第一个词是什么？
Mǎkě ràng Líndá xiě de dì yī ge cí shì shénme?

(5) "水"字难吗？林达写对了吗？
"Shuǐ" zì nán ma? Líndá xiě duì le ma?

(6) "冰激凌"这个词容易吗？林达会写吗？
"Bīngjīlíng" zhège cí róngyì ma? Líndá huì xiě ma?

(7) 马可一边考试，一边做什么？
Mǎkě yìbiān kǎoshì, yìbiān zuò shénme?

(8) 林达让马可写什么汉字？为什么？
Líndá ràng Mǎkě xiě shénme Hànzì? Wèi shénme?

(9) 马可现在有西瓜吗？
Mǎkě xiànzài yǒu xīguā ma?

(10) 他可以马上去买西瓜吗？为什么？
Tā kěyǐ mǎshàng qù mǎi xīguā ma? Wèi shénme?

（二）

(1) 汉字考试有多少个汉字？
Hànzì kǎoshì yǒu duōshao ge Hànzì?

(2) 林达写对了多少个汉字？写错了几个？
Líndá xiě duì le duōshao ge Hànzì? Xiě cuò le jǐ ge?

(3) 林达的汉字水平怎么样？
　　Líndá de Hànzì shuǐpíng zěnmeyàng?

(4) 林达觉得汉字难吗？她有兴趣吗？
　　Líndá jué de Hànzì nán ma? Tā yǒu xìngqù ma?

(5) 偏旁"木"的意思是什么？
　　Piānpáng "mù" de yìsi shì shénme?

(6) "林"的意思是什么？
　　"Lín" de yìsi shì shénme?

(7) "森"的意思是什么？
　　"Sēn" de yìsi shì shénme?

(8) 哪些汉字有"氵(三点水)"？
　　Nǎxiē Hànzì yǒu "氵(sān diǎn shuǐ)"?

(9) 林达为什么学习偏旁？
　　Líndá wèi shénme xuéxí piānpáng?

(10) 林达为什么想学好汉字？
　　 Líndá wèi shénme xiǎng xué hǎo Hànzì?

2. 用所给的表示动作结果的词语填空
Fill in the blanks with the given words, which indicate results of actions

好	完	会	懂	住	对	错
hǎo	wán	huì	dǒng	zhù	duì	cuò

(1) 这本书我看（　　）了。
　　Zhè běn shū wǒ kàn　　　le.

(2) 她现在能听（　　）很多汉语句子了。
　　Tā xiànzài néng tīng　　　hěn duō Hànyǔ jùzi le.

(3) 妈妈现在学（　　）用电脑了。
　　Māma xiànzài xué　　　yòng diànnǎo le.

(4) 奶奶好不容易才记（　　）了我的电话号码。
　　Nǎinai hǎobù róngyì cái jì　　　le wǒ de diànhuà hàomǎ.

(5) 饺子已经做（　　）了，大家一起吃吧！
　　　Jiǎozi yǐjīng zuò　　　le, dàjiā yìqǐ chī ba!

(6) 这个汉字很容易，马可写（　　）了。
　　　Zhège Hànzì hěn róngyì, Mǎkě xiě　　　le.

(7) 这个汉字很难，学生们都写（　　）了。
　　　Zhège Hànzì hěn nán, xuésheng men dōu xiě　　　le.

3. 用"一边……，一边……"完成句子
Complete the sentences by using "一边……，一边……"

(1) 我一边学习，_____。
　　　Wǒ yìbiān xuéxí,

(2) 妈妈一边做饭，_____。
　　　Māma yìbiān zuò fàn,

(3) 他一边听音乐，_____。
　　　Tā yìbiān tīng yīnyuè,

(4) 我们一边喝咖啡，_____。
　　　Wǒmen yìbiān hē kāfēi,

(5) 他一边洗澡，_____。
　　　Tā yìbiān xǐzǎo,

(6) 他一边吃肉，_____。
　　　Tā yìbiān chī ròu,

4. 根据所给的词语用"越来越"完成下面的句子
Complete the following sentences by using "越来越" according to the given words

(1) 他的汉语水平　_____（高）
　　　Tā de Hànyǔ shuǐpíng　　　　　　　gāo

(2) 现在，天气　_____（冷）
　　　Xiànzài, tiānqì　　　　　　　lěng

(3) 这些花儿　_____（漂亮）
　　　Zhèxiē huār　　　　　　　piàoliang

(4) 葡萄酒 ＿＿＿＿＿（贵）
　　 Pútaojiǔ　　　　　　　　　　　guì

(5) 现在，考试 ＿＿＿＿＿（难）
　　 Xiànzài, kǎoshì　　　　　　　　nán

(6) 现在，我们学的汉字 ＿＿＿＿＿（多）
　　 Xiànzài, wǒmen xué de Hànzì　　duō

(7) 现在，孩子们 ＿＿＿＿＿（胖）
　　 Xiànzài, háizi men　　　　　　　pàng

(8) 现在，孩子们 ＿＿＿＿＿（聪明）
　　 Xiànzài, háizi men　　　　　　　cōngming

5. 把下面的句子变成否定句
Change the following into negative sentences

(1) 这本书我看懂了。
　　 Zhè běn shū wǒ kàn dǒng le.

(2) 老师说的话，我听懂了。
　　 Lǎoshī shuō de huà, wǒ tīng dǒng le.

(3) 去年冬天我学会滑雪了。
　　 Qùnián dōngtiān wǒ xué huì huáxuě le.

(4) 我记住这个汉字了。
　　 Wǒ jì zhù zhège Hànzì le.

(5) 晚饭做好了。
　　 Wǎnfàn zuò hǎo le.

(6) 这个汉字马可写对了。
　　 Zhège Hànzì Mǎkě xiě duì le.

(7) 这个汉字学生们写错了。
　　 Zhège Hànzì xuésheng men xiě cuò le.

6. 根据实际情况完成下面的会话
Complete the following dialogues according to real situations

（1）A 明天有考试，你复习好了吗？　　B _____。
　　　Míngtiān yǒu kǎoshì, nǐ fùxí hǎo le ma?

（2）A 今天你学会写"木"了吗？　　　　B _____。
　　　Jīntiān nǐ xué huì xiě "mù" le ma?

（3）A 今天你学会写"冰激凌"了吗？　　B _____。
　　　Jīntiān nǐ xué huì xiě "bīngjīlíng" le ma?

（4）A 老师说的，你们听懂了吗？　　　B _____。
　　　Lǎoshī shuō de, nǐmen tīng dǒng le ma?

（5）A 这个电话号码，你记住了吗？(123456789)
　　　Zhège diànhuà hàomǎ, nǐ jì zhù le ma?
　　　　　　　　　　　　　　　　　　　B _____。

（6）A 这个电话号码，你记住了吗？(357542084)
　　　Zhège diànhuà hàomǎ, nǐ jì zhù le ma?
　　　　　　　　　　　　　　　　　　　B _____。

（7）A 这本书你学完了吗？　　　　　　B _____。
　　　Zhè běn shū nǐ xué wán le ma?

（8）A 这课的练习你做完了吗？　　　　B _____。
　　　Zhè kè de liànxí nǐ zuò wán le ma?

7. 用下面的汉字填空　Fill in the blanks with the given words

（A）	试	易	边	听	买	水	完	习	结	西
	shì	yì	biān	tīng	mǎi	shuǐ	wán	xí	jié	xī

明天有汉语考1_____，林达和马可一起复2_____。他正在给林达3_____写，有的汉字容4_____，有的难。马可一5_____听写，一边喝6_____。林达很想吃7_____瓜，她想马上去8_____，可是复习还没9_____束呢。他们复习10_____了，就可以一起去买西瓜了。

你说对了 You said it correctly

(B)	河	难	来	住	示	关	方	森	会	林
	hé	nán	lái	zhù	shì	guān	fāng	sēn	huì	lín

林达学 1____ 写汉字了，她觉得汉字很 2____，也很有意思，她越 3____ 越有兴趣了。一个"木"表 4____ 一棵"树"，两个"木"是 5"____"，三个"木"就是 6"____"，是有很多树的地 7____。"氵"表示跟水有 8____ 系，"游、海、湖、沙、9____"都有"氵"。她很想记 10____ 这些汉字。

8. 课堂活动　Classroom Activities

(1) Do you know any old sayings in Chinese or in your native language? Please tell the meanings of the old saying.

(2) Write a Chinese character according to the sentence (Find the answers in this chapter).

① 一棵树在左边，一棵树在右边。
② 一棵树下面有一个孩子。
③ 左边是女人，右边是孩子。
④ 水每天都有。
⑤ 水比较少。
⑥ 太阳在西边。
⑦ 马很奇怪。
⑧ 门里面有一个太阳。

9. 听力练习　Listening comprehension

(1) A 还有　　　　　　　B 没有
　　　hái yǒu　　　　　　　méiyǒu

(2) A 复习　　　　　　　B 考试
　　　fùxí　　　　　　　　kǎoshì

(3) A 句子
       jùzi

B 词
   cí

(4) A 没考完
       méi kǎo wán

B 考完了
   kǎo wán le

(5) A 一边听音乐,一边学习
       yìbiān tīng yīnyuè, yìbiān xuéxí

B 一边喝茶,一边学习
   yìbiān hē chá, yìbiān xuéxí

10. 用所给的词语把下面的句子翻译成汉语
Translate the sentences into Chinese by using the given words

(1) "氵" means "water".　　　　　　　　表示
(2) They help each other.　　　　　　　互相
(3) The examination was very easy.　　 考试
(4) I must review the Chinese characters.　复习
(5) This semester has ended.　　　　　　结束

11. 写作练习(100个汉字左右)　Writing Exercise

题目:怎么学习汉字
Topic: How to study Chinese characters

晒　　骑　　间　　海　　李　　林　　好　　沙
shài　qí　jiān　hǎi　lǐ　lín　hǎo　shā

你说对了 You said it correctly

二 语音练习 Pronunciation drills

🎧 **朗读下面的词语** Read aloud the following words

1	2	3	4	5	6
读懂 dú dǒng	做完 zuò wán	说错 shuō cuò	报纸 bàozhǐ	西瓜 xīguā	越来越好 yuèláiyuè hǎo
听懂 tīng dǒng	写完 xiě wán	写错 xiě cuò	手纸 shǒuzhǐ	南瓜 nánguā	越来越多 yuèláiyuè duō
看懂 kàn dǒng	吃完 chī wán	看错 kàn cuò	白纸 bái zhǐ	甜瓜 tiánguā	越来越热 yuèláiyuè rè

14 行李准备好了吗?
Xíngli zhǔnbèi hǎo le ma?
Have you done the packing?

课文 Text

（一）Linda calls Mark on the day before the trip.

林达： 喂，马可，行李准备好了吗？
Líndá　　Wèi, Mǎkě, xíngli zhǔnbèi hǎo le ma?

马可： 正在准备呢，可护照不见了。
Mǎkě　　Zhèngzài zhǔnbèi ne, kě hùzhào bújiàn le.

林达： 不可能吧？办签证的时候，我看见过你的护照。
Líndá　　Bù kěnéng ba? Bàn qiānzhèng de shíhou, wǒ kànjiàn guo nǐ de hùzhào.

马可： 护照一直在书包里，可是现在没有了。
Mǎkě　　Hùzhào yìzhí zài shūbāo li, kěshì xiànzài méiyǒu le.

林达： 别急，想一想，护照可能在什么地方。
Líndá　　Bié jí, xiǎng yi xiǎng, hùzhào kěnéng zài shénme dìfang.

马可： 可能在我的口袋里吧，对，就在口袋里放着呢。
Mǎkě　　Kěnéng zài wǒ de kǒudài li ba, duì, jiù zài kǒudài li fàng zhe ne.

林达： 护照没有丢，那就好了！
Líndá　　Hùzhào méiyou diū, nà jiù hǎo le!

马可： 明天十点飞机起飞，我们八点出发吧。
Mǎkě　　Míngtiān shí diǎn fēijī qǐfēi, wǒmen bā diǎn chūfā ba.

林达： 好。明天天气怎么样？
Líndá　　Hǎo. Míngtiān tiānqì zěnmeyàng?

马可： 我看报纸了，明天有风，还下雨。
Mǎkě　　Wǒ kàn bàozhǐ le, míngtiān yǒu fēng, hái xià yǔ.

林达： 那我们坐出租车去机场吧。
Líndá　　Nà wǒmen zuò chūzūchē qù jīchǎng ba.

行李准备好了吗？ Have you done the packing?

马可： 好的。真高兴，我们要开始旅行了！
Mǎkě　　Hǎo de.　Zhēn gāoxìng, wǒmen yào kāishǐ lǚxíng le!

（二）A moment later, Mark calls Linda.

马可： 喂，林达，打开电视，看今天的新闻！
Mǎkě　　Wèi, Líndá, dǎ kāi diànshì, kàn jīntiān de xīnwén!

林达： 有什么新闻？
Líndá　　Yǒu shénme xīnwén?

马可： 北部的火山喷发了！
Mǎkě　　Běibù de huǒshān pēnfā le!

林达： 火山？
Líndá　　Huǒshān?

马可： 很多飞机都不能起飞了。
Mǎkě　　Hěn duō fēijī dōu bù néng qǐfēi le.

林达： 为什么？
Líndá　　Wèi shénme?

马可： 因为天上的火山灰太多了！
Mǎkě　　Yīnwèi tiānshang de huǒshān huī tài duō le!

林达： 会影响我们的旅行吗？
Líndá　　Huì yǐngxiǎng wǒmen de lǚxíng ma?

马可： 有可能啊！
Mǎkě　　Yǒu kěnéng a!

(1) Linda calls Mark on the day before the trip

Linda: Hello, Mark! Have you done the packing?

Mark: I am just packing. But my passport has disappeared.

Linda: Impossible! I saw your passport when we were applying for visa.

Mark: The passport has been in the bag all along but it is not there.

Linda: Don't worry. Just think where it can be?

Mark: Could it be in my pocket? Oh, yes. It is just in my pocket.

Linda: It's good that the passport didn't get lost.

第十四课 Lesson 14

Mark: The plane takes off at ten o'clock tomorrow. Let's leave at eight o'clock.
Linda: All right. How is the weather tomorrow?
Mark: I have read the newspaper. It will be windy and rainy tomorrow.
Linda: Let's take a taxi to the airport.
Mark: Fine. I am so happy that we are starting our trip.

(2) A moment later, Mark calls Linda.
Mark: Hello, Linda! Turn on the TV and watch today's news!
Linda: What news?
Mark: The volcano in the north erupted!
Linda: Volcano?
Mark: Many planes cannot take off.
Linda: Why?
Mark: Because there is thick volcano ash in the sky.
Linda: Will it affect our trip tomorrow?
Mark: It is possible.

新词语 New Words

1	行李	xíngli	n.	luggage
2	护照	hùzhào	n.	passport
3	办	bàn	v.	to apply (visa)
4	签证	qiānzhèng	n./v.	visa; to visa
5	一直	yìzhí	adv.	all along
6	起飞	qǐfēi	v.	(of plane) to take off
7	机场	jīchǎng	n.	airport
8	开始	kāishǐ	v./n.	to start; the start
9	打开	dǎkāi	v.	to turn on (TV)
10	新闻	xīnwén	n.	news
11	火山	huǒshān	n.	volcano
12	喷发	pēnfā	v.	(of volcano) to erupt

| 13 | 灰 | huī | n. | ash |
| 14 | 影响 | yǐngxiǎng | v./n. | to affect; effect |

语法 Grammar

1. 表达动作情况所处阶段的形式
   The structures indicating different aspects of an action

(1) "正在……(呢)"表示动作正在进行。
   "正在……(呢)" indicates that an action is in progress.

我们	正在	上课。	We are having a lesson.
她	在	打电话。	She is making a phone call.
他们	在	吃饭呢。	They are having dinner.
他		睡觉呢。	He is sleeping.

(2) "(快)要……了"表示动作即将发生。
   "(快)要……了" indicates that an action is going to take place soon.

飞机	要	起飞	了	!	The plane is about to take off.
(我们)	快要	上课	了	。	We'll soon start our class.
马上	就要	下雨	了	。	It's going to rain in a minute.

(3) "……了"表示动作完成了。
   "……了" indicates that an action was completed or has been completed.

他买	了	一瓶葡萄酒。			He bought a bottle of wine.
他们		去北京	了	。	They went to Beijing./They've gone to Beijing.
我学	了	三百个汉字	了	。	I've learnt 300 Chinese characters.

(4) "……了"表示情况有了变化。
   "……了" indicates that a situation has changed.

我是大学生	了。	Now I am a university student.
爸爸老	了。	Now father is old.
他不想去旅行	了。	He doesn't want to go traveling now.

(5) "……过"表示过去的经历。
   "……过" indicates a past experience.

| 我去 | 过 | 上海。 | I've been to Shanghai. |
| 他没有学 | 过 | 汉语。 | He hasn't learnt Chinese before. |

(6) "……着"表示动作开始后,其状态继续下去或结果持续下去。
   "……着" indicates that after an action starts, its situation continues or the result of an action continues to remain.

爷爷一直笑	着。		Grandfather is/was smiling all along.
他带	着	小狗钓鱼。	He goes fishing with his dog.
孩子穿	着	新鞋。	The children are wearing new shoes.
手机在桌子上放	着。		The mobile phone is on the table.

2. 补语形式　The structures of complements

在句子中,动词(或其宾语)、形容词之后的成分是补语,用来说明与动作或状态相关的情况。

Complements are those elements in a sentence, which follow verbs (or their objects) or adjectives to further explain the related aspects of the actions or situations.

根据所表达的意思,补语可分为五类:结果补语、数量补语、趋向补语、程度补语和可能补语(可能补语详见第三册)。

According to the meanings they indicate, complements can be classified into 5 groups: complements of result, quantity, direction, degree and potentiality (See Book 3 for details about complements of potentiality.)

根据结构,补语可分为两类,即带"得"的补语和不带"得"的补语。

According to the structures, complements can be classified into two groups, i.e., the group with "得" and the group without "得".

(1) 带"得"的补语:部分程度补语和可能补语的肯定式。
   The group with "得": A part of complements of degree and the affirmative structure of complement of potentiality.

(2) 不带"得"的补语:结果补语、数量补语、趋向补语和可能补语的否定式。(可能补语的否定式详见第三册)。
   The group without "得": The structure of complements of result, direction, quantity and the negative structure of complements of potentiality (See Book 3 for details about the negative form of complements of potentiality.)

(1)			
他唱歌唱	得	非常好。	He sings very well. (complement of degree)
大卫比我高	得	多。	David is much taller than me. (complement of degree)
我听	得	懂。	I can understand what I've heard. (complement of potentiality)
(2)			
那本书我看	完	了。	I've finished the reading of the book.(complement of result)
他上楼	来	了。	He came upstairs. (complement of direction)
我学过	一年。		I've studied it for one year.(complement of duration)
他去过	一次。		He's been to Beijing once.(complement of frequency)
今天天气好	极	了。	Today's weather is extremely good. (complement of degree)
我们听不	懂。		We cannot understand what we've heard.(negative form of complement of potentiality)

练习 Exercises

1. 课文问答练习　Questions and answers on the text

（一）

(1) 马可正在准备什么？
　　Mǎkě zhèngzài zhǔnbèi shénme?

(2) 他准备好了吗？
　　Tā zhǔnbèi hǎo le ma?

(3) 马可在找什么？
　　Mǎkě zài zhǎo shénme?

(4) 林达什么时候看见过马可的护照？
　　Líndá shénme shíhou kànjiàn guo Mǎkě de hùzhào?

(5) 马可的护照丢了吗？
　　Mǎkě de hùzhào diū le ma?

(6) 马可的护照在哪儿？
　　Mǎkě de hùzhào zài nǎr?

(7) 飞机几点起飞？
　　Fēijī jǐ diǎn qǐfēi?

（8）他们 几点出发？
Tāmen jǐ diǎn chūfā?

（9）明天 天气怎么样？
Míngtiān tiānqì zěnmeyàng?

（10）他们 怎么去机场？
Tāmen zěnme qù jīchǎng?

（二）

（1）马可为什么让林达看电视？
Mǎkě wèi shénme ràng Líndá kàn diànshì?

（2）电视 上有 什么 新闻？
Diànshì shang yǒu shénme xīnwén?

（3）飞机为什么不能起飞？
Fēijī wèi shénme bù néng qǐfēi?

（4）这 会影响 林达和马可的旅行吗？
Zhè huì yǐngxiǎng Líndá hě Mǎkě de lǚxíng ma?

2. 根据英语完成下面的句子
Complete the sentences based on English

（1）下雨了,雨很大, _____。
Xià yǔ le, yǔ hěn dà, (Will the weather affect our trip?)

（2）喂，小文， _____。
Wèi, Xiǎowén, (Have you done the packing?)

（3）我 非常 高兴， _____。
Wǒ fēicháng gāoxìng, (We are going to start our trip soon!)

（4）我们 办签证 的时候， _____。
Wǒmen bàn qiānzhèng de shíhou, (I saw your passport.)

（5）我看见我的护照了， _____。
Wǒ kànjiàn wǒ de hùzhào le, (It is inside my pocket.)

3. 选择下面的词语完成句子
Complete the sentences with the given words

| 了 | 着 | 过 | 正在 |

（1）一年没见，弟弟已经很高（　　）。
　　　Yì nián méi jiàn, dìdi yǐjīng hěn gāo

（2）快回家吧，马上要下雨（　　）。
　　　Kuài huí jiā ba, mǎshàng yào xià yǔ

（3）我买（　　）两张飞机票，明天去西安。
　　　Wǒ mǎi liǎng zhāng fēijīpiào, míngtiān qù Xī'ān.

（4）我学（　　）一年汉语（　　）。
　　　Wǒ xué yì nián Hànyǔ

（5）他（　　）找他的护照呢。
　　　Tā zhǎo tā de hùzhào ne.

（6）护照在书包里放（　　）。
　　　Hùzhào zài shūbāo li fàng

（7）我去（　　）北京，但是没去（　　）上海。
　　　Wǒ qù Běijīng, dànshì méi qù Shànghǎi.

4. 用所给的补语完成对话
Complete the dialogues by using the given complements

（1）A：行李准备得怎么样了？　　B：_____。（好）
　　　Xíngli zhǔnbèi de zěnmeyàng le?

（2）A：今天的汉语课你上完了吗？　　B：_____。（完）
　　　Jīntiān de Hànyǔkè nǐ shàng wán le ma?

（3）A：今天的课文你看懂了吗？　　B：_____。（懂）
　　　Jīntiān de kèwén nǐ kàn dǒng le ma?

（4）A：她说汉语说得怎么样？　　B：_____。（极了）
　　　Tā shuō Hànyǔ shuō de zěnmeyàng?

（5）A：你坐飞机坐了几个小时？　　　　B：_____。（三个小时）
　　　　Nǐ zuò fēijī zuò le jǐ ge xiǎoshí?

（6）A：你去过几次英国？　　　　　　　B：_____。（两次）
　　　　Nǐ qù guo jǐ cì Yīngguó?

5. 用下面的汉字填空　Fill in the blanks with the given words

没	视	能	着	李	行	闻	山	好	了
méi	shì	néng	zhe	lǐ	xíng	wén	shān	hǎo	le

马可正在准备行1____，明天他要去旅2____。可是护照不见3____。可能在哪儿？护照4____丢，在书包里放5____呢。行李准备6____了，马可打开了电7____，他想看看新8____。电视上说，火9____喷发了，很可10____影响明天的旅行。

6. 课堂活动　Classroom activities

In a small group, talk about what one needs to do when planning a trip?
（护照　　签证　　准备　　行李　　天气　　去机场……）
　hùzhào　qiānzhèng　zhǔnbèi　xíngli　tiānqì　qù jīchǎng …

7. 听力练习　Listening comprehension

（1）A 去旅行　　　　　　　　　　　B 办　签证
　　　qù lǚxíng　　　　　　　　　　　bàn qiānzhèng

（2）A 护照　　　　　　　　　　　　B 书包
　　　hùzhào　　　　　　　　　　　　shūbāo

（3）A 坐　出租车　　　　　　　　　B 坐　公共汽车
　　　zuò chūzūchē　　　　　　　　　zuò gōnggòng qìchē

（4）A 准备　好了　　　　　　　　　B 没　准备好
　　　zhǔnbèi hǎo le　　　　　　　　méi zhǔnbèi hǎo

（5）A 10:00　　　　　　　　　　　　B 8:00

8. 用所给的词语把下面的句子翻译成汉语
Translate the sentences into Chinese by using the given words

(1) The bad whether affected our trip.　　　　影响

(2) They are doing packing.　　　　　　　　　准备

(3) Maybe she will come tomorrow.　　　　　　可能

(4) The passport has been in the bag all along.　一直

(5) Our trip is going to start.　　　　　　　　　开始

语音练习　Pronunciation drills

朗读下面的词语　Read aloud the following words

1	2	3	4	5	6
可能 kěnéng	一直 yìzhí	机场 jīchǎng	新闻 xīnwén	起飞 qǐfēi	开始 kāishǐ
可以 kěyǐ	一下 yíxià	球场 qiúchǎng	新书 xīn shū	起床 qǐchuáng	开门 kāi mén
可是 kěshì	一起 yìqǐ	商场 shāngchǎng	新生 xīnshēng	起来 qǐlái	开车 kāi chē

附录一　听力文本
Appendix 1　Listening Script

第一课

听力练习　Listening comprehension

（1）A：大阳的狗病了吗？　　　　　　B：没有。但是林达的猫病了。
　　 问：林达的猫病了吗？
（2）A：今天天气很好，我们去公园吧。　B：今天我很累，想在家休息休息。
　　 问：今天男的想干什么？
（3）A：我的书和手机都不见了。　　　 B：别着急，书包里有一本书，可是没有手机。
　　 问：他的手机丢了吗？
（4）A：医生，我得吃药吗？　　　　　 B：你病了，当然得吃药，得休息，不能运动。
　　 问：医生说，他得做什么？
（5）A：老师和学生们在哪儿？　　　　 B：学生们都回家了，老师也走了，学校里没有人。
　　 问：学生们去哪儿了？

第二课

听力练习　Listening comprehension

（1）A：周末你干什么了？　　　　　　 B：我和朋友去看电影了。
　　 问：他周末去干什么了？
（2）A：昨天晚上你干什么了？　　　　 B：和朋友一起在家吃饭，喝了很多啤酒。
　　 问：他晚上在哪儿？
（3）A：昨天你在商店买什么了？　　　 B：我买了苹果、蛋糕和面包。
　　 问：他买了什么？
（4）A：昨天在酒吧你喝了很多酒吧？　 B：我喝了一点儿，我朋友喝了五瓶。
　　 问：他朋友喝了多少酒？
（5）A：你周末买了很多东西！　　　　 B：周末东西便宜，我就买了很多。
　　 问：他为什么买了很多东西？

第三课

听力练习　Listening comprehension

（1）A：你学了多长时间汉语了？　　　 B：大概半年多了。
　　 问：他学了多长时间汉语了？

(2) A：你会写多少个汉字？　　　　　　　B：我学了20个汉字，可是今天忘了5个。
　　 问：他今天会写多少个汉字？
(3) A：这些书有意思吗？　　　　　　　　B：有意思。这两本书我已经看了三遍了。
　　 问：这些书他看了几遍了？
(4) A：我很累，想休息休息。　　　　　　B：不行，先写汉字，再休息。
　　 问：先写汉字还是先休息？
(5) A：我们在哪儿见面？　　　　　　　　B：学校旁边有一个咖啡馆儿，我们在那儿见面吧。
　　 问：他们在哪儿见面？

第四课

听力练习　Listening comprehension

(1) A：你看，快要下雨了。我们回家吧。　B：我不回家，我喜欢雨。
　　 问：下雨了吗？
(2) A：你们学校的饭好吃吗？　　　　　　B：学校的饭不好吃，可是很便宜。
　　 问：学校的饭怎么样？
(3) A：你怎么没接我的电话？你的手机丢了吗？　B：没有丢，可是没电了。
　　 问：他的手机怎么了？
(4) A：今天老师怎么来晚了？他病了吗？　B：没有，今天的火车晚了。
　　 问：老师为什么来晚了？
(5) A：这个干净的房间是你的吧？真好！
　　 B：是啊，可是旁边有一个火车站，不太安静。
　　 问：这个房间怎么样？

第五课

听力练习　Listening comprehension

(1) A：你打算坐飞机去北京吗？　　　　　B：飞机票太贵了，我打算坐火车去。
　　 问：他打算怎么去北京？
(2) A：你会用刀叉吃饭吗？　　　　　　　B：当然会，但是我喜欢用筷子，吃西餐我也用筷子。
　　 问：他喜欢用什么吃饭？
(3) A：你见过山里的大熊猫吗？　　　　　B：没有，可是我见过山里的鹿。
　　 问：他见过山里的大熊猫？
(4) A：你觉得上海菜怎么样？　　　　　　B：我不知道，我没吃过，但是我觉得北京菜很好吃。
　　 问：他吃过北京菜没有？
(5) A：你在中国的旅游怎么样？听过中国的民歌吗？
　　 B：我只对旅游感兴趣，对民歌不感兴趣。
　　 问：他对什么感兴趣？

第六课

听力练习　Listening comprehension

(1) A：这张照片是在龙井照的吧？　　B：不是，是在长城照的。
　　问：照片是在哪儿照的？
(2) A：这些东西你是在北京买的还是在上海买的？
　　B：词典是在上海买的，茶是在北京买的。
　　问：他的词典是在哪儿买的？
(3) A：林达，请喝咖啡！你要放糖还是牛奶？　　B：我只放一点儿牛奶，不放糖。
　　问：林达喝咖啡放什么吗？
(4) A：听说你父母来看你了。　　B：对，是八月来的。
　　问：他父母是什么时候来的？
(5) A：你常常喝绿茶，特别喜欢绿茶吧？　　B：对，我夏天喝绿茶，但是冬天喝红茶。
　　问：他冬天喜欢喝什么茶？

第七课

听力练习　Listening comprehension

(1) A：听说你去海边了，是去度假了吗？　　B：不是，我是去工作的。
　　问：他去海边干什么了？
(2) A：这个饭店只有四层，是五星的吗？　　B：当然是，里面特别漂亮。
　　问：这个饭店是五星的还是四星的？
(3) A：饭店里的西餐好吃吗？　　B：不太好吃，但是用刀叉吃西餐很有意思。
　　问：他觉得西餐怎么样？
(4) A：大家都坐船去那个小岛，你们也是坐船去的吗？
　　B：不是，那天风很大，船不能开，我们是坐飞机去的。
　　问：他们是怎么去小岛的？
(5) A：你知道怎么订饭店吗？　　B：以前是打电话订，现在可以在网上订了。
　　问：现在怎么订饭店？

第八课

听力练习　Listening comprehension

(1) A：你在学汉语吗？你汉语说得很不错。　　B：我不是在学汉语，我在学英语。
　　问：他正在学什么？
(2) A：你家离火车站远不远？　　B：不远，一公里左右。
　　问：他家离火车站远吗？

(3) A：汽车来了，我们上车吧。　　　　B：等一等，我在给朋友打电话呢。
　　问：他现在正在干什么？
(4) A：他唱歌唱得不太好。　　　　　　B：可是他唱得很认真。
　　问：他唱歌唱得怎么样？
(5) A：你画的这些花儿真漂亮！　　　　B：我画的花儿不错，但是我画鱼画得不太好。
　　问：她画什么画得很好？

第九课

听力练习　Listening comprehension

(1) A：你比他高吗？　　　　　　　　　B：我没有他高。
　　问：谁高？
(2) A：你觉得今天暖和还是昨天暖和？　 B：今天比昨天暖和。
　　问：哪天暖和？
(3) A：你喜欢喝茶还是喝咖啡？　　　　 B：我觉得咖啡没有茶好。
　　问：他喜欢喝什么？
(4) A：这两辆自行车都很漂亮，买哪一辆呢？　B：我看，黑的比红的好看。
　　问：他喜欢什么样的自行车？
(5) A：你又会开车，又会骑马，你觉得哪个难？　B：我觉得开车没有骑马难。
　　问：他觉得开车难还是骑马难？

第十课

听力练习　Listening comprehension

(1) A：姐姐和妹妹一样高吗？　　　　　B：妹妹1米68，姐姐1米69。
　　问：姐姐和妹妹一样高吗？
(2) A：这些苹果和香蕉多少钱？　　　　B：苹果3欧元，香蕉也是3欧元。
　　问：苹果和香蕉的价格一样吗？
(3) A：我要一杯红茶。你呢？　　　　　B：我要一杯绿茶。
　　问：他们喝的茶一样吗？
(4) A：我要一个豆腐，你呢？　　　　　B：我要一个鱼和一个鸡丁。
　　问：他们一共要了几个菜？
(5) A：马可，早饭时喝果汁了吗？　　　B：没有，我喝了一杯咖啡，吃了一个面包。
　　问：马可的早饭是什么？

第十一课

听力练习　Listening comprehension

(1) A：你看见王先生了吗？　　B：看见了。我从银行出来的时候，他进去了。
　　问：王先生现在在哪儿？
(2) A：你上来吧，我在这儿等你。　　B：好，我坐电梯上去。
　　问：女的现在在哪儿？
(3) A：你是从楼梯上来的吗？　　B：对，好不容易才爬到九层。
　　问：女的觉得爬楼梯容易吗？
(4) A：你今天几点来的？　　B：我八点就来了。
　　问：他今天来得早还是来得晚？
(5) A：你昨天什么时候回去的？　　B：六点才回去。
　　问：他昨天回去得早还是晚？

第十二课

听力练习　Listening comprehension

(1) A：十一点了，你怎么还躺着？　　B：我不舒服，我病了。
　　问：他为什么还躺着？
(2) A：你怎么了？头疼吗？　　B：头不疼，可是我肚子疼。
　　问：他怎么了？
(3) A：你是不是发烧了？　　B：有一点儿，38度。
　　问：他发烧了吗？
(4) A：你得去医院检查一下。　　B：不用，我休息一下就好了。
　　问：男的想干什么？
(5) A：医生，我的病严重吗？　　B：你有一点儿小病，但是得吃药。
　　问：他的病严重吗？

第十三课

听力练习　Listening comprehension

(1) A：天气真热，我想吃西瓜或者冰激凌。B：冰激凌已经吃完了，还有一些西瓜。
　　问：他们还有西瓜吗？
(2) A：明天上课是考试还是复习？　　B：明天复习，星期二考试。
　　问：明天上课做什么？
(3) A：你记住这句老话了吗？　　B：是啊。可是我忘记了很多词。
　　问：他记住了什么？

(4) A：考试考了多长时间？ B：考了两个小时，现在结束了。
　　问：他们考完了吗？
(5) A：我喜欢一边听音乐一边学习，你呢？ B：我喜欢一边喝茶一边学习。
　　问：男的喜欢做什么？

第十四课

听力练习　Listening comprehension

(1) A：你要去旅行吗？ B：对，明天就去办签证。
　　问：男的明天要去做什么？
(2) A：护照不见了，书包里也没有。 B：别着急，你想一想放在什么地方了。
　　问：他丢了什么？
(3) A：明天坐公共汽车去学校吧。 B：我们要带很多书，还有电脑，坐出租车去吧。
　　问：女的想明天怎么去学校？
(4) A：你的行李准备好了吗？ B：我正在准备呢，大概一个小时能准备好。
　　问：他的行李准备好了吗？
(5) A：明天飞机十点起飞，我们几点到机场？
　　B：我看，我们得八点到机场。
　　问：他们几点到机场？

附录二　总词汇表
Appendix 2　Index of Vocabulary

A

矮	ǎi	short (height of a person)	9
爱好	àihào	hobby; to like (something) as a hobby	8
安静	ānjìng	quiet, silent	4

B

班	bān	class	3
办	bàn	to apply (visa)	14
办法	bànfǎ	method (solving problem)	12
帮	bāng	to help	9
帮助	bāngzhù	to help	13
棒	bàng	good	8
包子	bāozi	steamed bun	10
报纸	bàozhǐ	newspaper	13
比	bǐ	than (indicating comparison)	9
扁鹊	Biǎnquè	Bianque	12
遍	biàn	measure word (frequency)	3
表示	biǎoshì	to express	13
别	bié	Don't ...	1
比较	bǐjiào	quite; to compare	9
病	bìng	sick	1
冰激凌	bīngjīlíng	ice-cream	13
不过	búguò	nevertheless	4
不见(了)	bújiàn (le)	to disappear	1
不用	búyòng	unnecessarily	1

C

才	cái	used before a verb to indicate that something has happened rather late	9
菜	cài	dish	5
菜单	càidān	menu	10
蔡桓公	Càihuángōng	Caihuangong	12
叉	chā	fork	5
茶馆儿	cháguǎnr	tea house	3
茶园	cháyuán	tea garden	6
差不多	chàbuduō	almost the same	11
长	cháng	long	3
长城	Chángchéng	the Great Wall	5
唱	chàng	to sing	8
唱歌	chàng gē	to sing (a song)	8
衬衫	chènshān	shirt	2
迟到	chídào	to be late (for class, meeting, etc.)	9
出(来)	chū(lái)	to come out	11
出租车	chūzūchē	taxi	11
穿(上)	chuān(shang)	to put on (clothes), to wear	10
船	chuán	boat, ship	7
春天	chūntiān	spring	1
词	cí	word	13
次	cì	measure word (frequency)	5
村子	cūnzi	village	6

D

打开	dǎkāi	to turn on (TV)	14
打扫	dǎsǎo	to clean (room)	2
大概	dàgài	approximately approximate; approxiamation	6
带	dài	to bring	6
但是	dànshì	but	4
当	dāng	to be (somebody)	5
刀	dāo	knife	5

岛	dǎo	island	7
地	de	particle	12
得	de	particle connecting predicate and complements	8
等	děng	to wait	3
地方	dìfang	place	3
第	dì	prefix for ordinal numbers	10
点(菜)	diǎn (cài)	to order (dishes)	10
电视	diànshì	television	5
电梯	diàntī	lift	11
电影	diànyǐng	film	2
电影院	diànyǐngyuàn	cinema	2
钓鱼	diào yú	to go fishing	7
订	dìng	to reserve (hotel)	7
丢	diū	to lose	1
懂	dǒng	to understand	13
动物园	dòngwùyuán	zoo	5
动物	dòngwù	animal	1
读	dú	to read, to read aloud	13
度	dù	(of temperature) degree	12
度假	dù jià	to go for a holiday	7
肚子	dùzi	stomach	12
短信	duǎnxìn	text message	4
锻炼	duànliàn	to do physical exercise	9

F

发	fā	to send (message)	4
发烧	fā shāo	to have high temperature	12
发生	fāshēng	to happen	11
发现	fāxiàn	to discover	11
饭店	fàndiàn	hotel	7
饭馆儿	fànguǎnr	restaurant	5
方便	fāngbiàn	convenient	9
方法	fāngfǎ	method (of doing things)	13

放	fàng	to put	6
放假	fàng jià	to have a holiday	4
飞机	fēijī	plane	5
非	fēi	not to be	5
分钟	fēnzhōng	minute (duration)	3
风	fēng	wind	7
服务员	fúwùyuán	service person	7
付(钱)	fù(qián)	to pay (money)	10
复习	fùxí	to review	13

G

干杯	gānbēi	cheers (to drink a toast)	10
干净	gānjìng	clean	4
感冒	gǎnmào	to catch a cold; cold	12
感兴趣	gǎn xìngqù	to be interested	3
干	gàn	to do	2
高	gāo	tall, high	9
告诉	gàosu	to tell	4
更	gèng	even more	9
公里	gōnglǐ	kilometer	7
公园	gōngyuán	park	1
宫保鸡丁	gōngbǎo jīdīng	Gongbao Chicken	10
够	gòu	enough	10
古代	gǔdài	ancient time	12
故事	gùshi	story	11
刮(风)	guā(fēng)	(of the wind) to blow	1
关系	guānxi	relation	13
贵	guì	expensive	2
国王	guówáng	king	12
过	guo	(particle)	5

H

还	hái	additionally, still	1
海(边)	hǎi(biān)	seaside	7
汉堡包	hànbǎobāo	hamburger	2
杭州	Hángzhōu	Hangzhou	6

好不	hǎobù	to be placed before some disyllabic adjectives to mean "how..."	11
好处	hǎochù	benefit	6
好汉	hǎohàn	true man	5
好好儿	hǎohāor	to do one's best	10
好看	hǎokàn	(of film, book) good, (of people) good looking	2
好听	hǎotīng	pleasant to ears	5
好玩儿	hǎowánr	amusing	5
河	hé	river	13
后来	hòulái	later	12
湖	hú	lake	13
互相	hùxiāng	each other	13
护照	hùzhào	passport	14
花园	huāyuán	garden	6
滑雪	huá xuě	to ski	8
画	huà	to draw	8
画画儿	huà huàr	to draw pictures	8
坏	huài	broken	9
环境	huánjìng	environment	9
灰	huī	ash	14
回	huí	reply (message)	4
活	huó	to live	8
火车	huǒchē	train	4
火车站	huǒchēzhàn	railway station	4
火山	huǒshān	volcano	14

J

机场	jīchǎng	airport	14
机会	jīhuì	opportunity	5
极	jí	extremely	8
记	jì	to remember	13
家	jiā	measure word (tea house)	3
家人	jiārén	family member	6
价格	jiàgé	price	10
检查	jiǎnchá	to check	12
简单	jiǎndān	simple	11
见面	jiàn miàn	to meet	3
件	jiàn	measure word (shirt)	2
健康	jiànkāng	health	12
讲	jiǎng	to tell (story)	12
讲座	jiǎngzuò	lecture	9
教	jiāo	to teach	5
教室	jiàoshì	classroom	11
接	jiē	to answer (phone call)	4
结束	jiéshù	to finish	13
金鱼	jīnyú	gold fish	8
久	jiǔ	long time	11
就(要)	jiù(yào)	just (about to happen)	4
句	jù	measure word (sentence)	8
句子	jùzi	sentence	13
觉得	juéde	to feel, think	4

K

开	kāi	(vehicle) to leave, to drive (vehicle)	4
开车	kāi chē	to drive a car	9
开始	kāishǐ	to start	14
看见	kànjiàn	to have seen	11
看起来	kàn qilai	It seems	8
考试	kǎoshì	test; to test	13
烤鸭	kǎoyā	roast duck	5
棵	kē	measure word (tree)	1
可能	kěnéng	may be	12
可乐	kělè	Coca-Cola, coke	2
客人	kèren	guest, visitor	6
孔子	Kǒngzǐ	Confucius	13
口袋	kǒudài	pocket	11
裤子	kùzi	trousers	2
快餐	kuàicān	fast food	2

快要	kuàiyào	soon (about to happen)	4
筷子	kuàizi	chopsticks	5

L

篮球	lánqiú	basketball	8
老话	lǎohuà	old saying	8
离	lí	from	8
历史	lìshǐ	history	6
练习	liànxí	to practise; practice	10
辆	liàng	measure word (bike, bus, train)	9
林	lín	forest	13
另	lìng	another	11
龙井	Lóngjǐng	Longjing	6
楼梯	lóutī	staircase	11
鹿	lù	deer	4
路上	lùshang	on the way	9
旅游	lǚyóu	to travel	5
轮子	lúnzi	wheel	9

M

麻烦	máfan	trouble; troublesome	9
麻婆豆腐	mápó dòufu	Mapo Doufu	10
马	mǎ	horse	9
马上	mǎshàng	immediately	11
卖	mài	to sell	3
馒头	mántou	steamed bread	10
慢	màn	slow	9
门	mén	measure word (a language); door, gate	8
门口	ménkǒu	doorway	11
迷	mí	fan	9
米	mǐ	meter	9
米饭	mǐfàn	cooked rice	10
民歌	míngē	folk song	5
明年	míngnián	next year	5
茉莉花	mòlìhuā	jasmine	5
木	mù	wood	13

N

拿	ná	to take	9
那么(多)	nàme(duō)	so (many)	2
努力	nǔlì	to make great efforts, hard working	3
女士	nǚshì	lady, Ms.	12
暖和	nuǎnhuo	warm	1

P

爬	pá	to climb	11
派	pài	to send a person (to do an assignment)	12
跑	pǎo	to run, to run away	1
泡(茶)	pào	to make (tea)	6
喷发	pēnfā	(of volcano) to erupt	14
偏旁	piānpáng	radical	13
便宜	piányi	cheap	2
瓶	píng	measure word; bottle	2

Q

奇怪	qíguài	strange	12
骑	qí	to ride	9
起飞	qǐfēi	(of plane) to take off	14
千	qiān	thousand	6
签证	qiānzhèng	visa; to visa	14
钱	qián	money	5
亲爱	qīn'ài	beloved	10
去年	qùnián	last year	3
裙子	qúnzi	skirt	2

R

然后	ránhòu	later	11
热	rè	hot	7
认真	rènzhēn	serious, seriously	8
日历	rìlì	calendar	2

如果……，（就）	rúguǒ…, (jiù)	if	5

S

三明治	sānmíngzhì	sandwich	10
色	sè	color	9
森(林)	sēn(lín)	forest	13
沙滩	shātān	beach	7
沙子	shāzi	sand	7
晒太阳	shài tàiyang	to sun bathe	7
山	shān	mountain	3
上	shàng	previous (time)	2
上	shàng	to get on (car, bus, train), to (go or come) up	4
生气	shēng qì	angry	12
时间	shíjiān	time	3
试	shì	to try	1
书包	shūbāo	schoolbag	2
树	shù	tree	1
刷	shuā	to brush(teeth)	10
双	shuāng	measure word (shoe, sock...)	2
水平	shuǐpíng	level	10
说话	shuō huà	to say something	12
司机	sījī	driver	4
四川	Sìchuān	Sichuan	5
松鼠鱼	sōngshǔyú	fish lookedin the shape of squirrel	10
所以	suǒyǐ	therefore	2

T

糖	táng	sugar	6
躺	tǎng	to lie (in bed)	12
逃走	táozǒu	to run away	12
特别	tèbié	very much	3
踢	tī	to kick	9
天安门	Tiān'ānmén	Tiananmen	5
天堂	tiāntáng	paradise	7
听见	tīngjiàn	to hear	8
听说	tīngshuō	to have heard	6
听写	tīngxiě	to dictate	13
停	tíng	to stop	4
同学	tóngxué	classmate	3
头疼	tóuténg	head ache	12
突然	tūrán	suddenly	1

W

袜子	wàzi	sock	2
外国人	wàiguórén	foreigner	6
外语	wàiyǔ	foreign language	8
外边	wàibian	outside	7
完	wán	to finish	13
晚	wǎn	late	4
万	wàn	ten thousand	7
王宫	wánggōng	royal palace	12
网	wǎng	net, internet	7
网球	wǎngqiú	tennis	8
忘记	wàngjì	to forget	3
位	wèi	measure word (polite form for person)	6
温故而知新	wēn gù ér zhī xīn	"Learning the new by reviewing the old"	13
无	wú	to have not	6
五星	wǔxīng	five-star (hotel)	7

X

西餐	xīcān	western food	7
西瓜	xīguā	watermelon	13
洗澡	xǐ zǎo	to takea shower	10
下(雨)	xià(yǔ)	to rain	1
夏天	xiàtiān	summer	6
先	xiān	firstly	3
香蕉	xiāngjiāo	banana	10
相信	xiāngxìn	to believe	8
小姐	xiǎojiě	Miss	10
小时	xiǎoshí	hour	3
鞋	xié	shoe	2

谢天谢地	xiè tiān xiè dì	thank goodness	1
新	xīn	new	6
新闻	xīnwén	news	14
行	xíng	Ok	13
行李	xíngli	luggage	14
熊猫	xióngmāo	panda	5
休息	xiūxi	to rest	1
需要	xūyào	to need	12
许多	xǔduō	many	8
学期	xuéqī	semester	3

Y

牙	yá	tooth, teeth	10
严重	yánzhòng	serious	12
药	yào	medicine	1
钥匙	yàoshi	key	11
一边	yìbiān	while	13
一点儿	yìdiǎnr	a little	2
一定	yídìng	surely	9
一共	yígòng	altogether	3
一样	yíyàng	same	10
一直	yìzhí	all along	14
衣服	yīfu	clothes	2
医生	yīshēng	doctor	1
医院	yīyuàn	hospital	1
已经	yǐjīng	already	3
以前	yǐqián	before, ago	2
椅子	yǐzi	chair	11
意思	yìsi	meaning	13
银行	yínháng	bank	11
影响	yǐngxiǎng	to affect; effect	14
用	yòng	to use	5
有的	yǒude	some	7
有点儿	yǒudiǎnr	(of unsatisfying matters) a bit	12
有名	yǒumíng	famous	6
有时	yǒushí	sometimes	10
友好	yǒuhǎo	friendly	7
又(…又)	yòu(…yòu)	indicating coexistence of a few situations, again	4
原因	yuányīn	reason	12
远	yuǎn	far	8
雨	yǔ	rain	1
语法	yǔfǎ	grammar	10
遇到	yù dào	to encounter	9
越来越	yuèláiyuè	more and more	13
运动	yùndòng	to do physical exercise; physical exerxise, sports	1

Z

再	zài	then, again	3
怎么办	zěnme bàn	what to do	11
站	zhàn	to stand	12
着急	zháo jí	be worried	1
找	zhǎo	to look for	11
照	zhào	to take (photo)	6
着	zhe	a particle placed after verbs to indicate the continuation of verbal situations	12
正在	zhèngzài	just (progressing)	8
只	zhǐ	only	2
只好	zhǐhǎo	be forced to (without alternatives)	7
中餐	zhōngcān	Chinese food	10
中文	Zhōngwén	Chinese language	13
种	zhǒng	measure word (kind of)	6
重	zhòng	heavy	11
重要	zhòngyào	important	8
周末	zhōumò	weekend	2
专家	zhuānjiā	expert	10

桌子	zhuōzi	desk, table	11		最后	zuìhòu	at the end, finally	12
自行车	zìxíngchē	bike	9		最近	zuìjìn	recent	1
总是	zǒngshì	always	10		昨天	zuótiān	yesterday	1
足球	zúqiú	football	9		作业	zuòyè	school assignment	3
醉	zuì	drunk	11					

北大版海外汉语教材

LEARNING
Chinese Overseas Textbook
2

海外 汉语课本

WORKBOOK ON CHINESE CHARACTERS

高明明　岑玉珍　编著　汉字练习册
By Gao Mingming & Cen Yuzhen

北京大学出版社
PEKING UNIVERSITY PRESS

使用说明

本书是《海外汉语课本2》的配套汉字练习册，共14课。第一课到第四课分别讲解了汉字的基本组成结构。各课的练习有以下几个部分：

1. 描红练习

按照笔画的顺序练习写汉字，通过这种书写练习，使学生熟悉汉字的笔画及笔画顺序，从而有助于记住这个汉字。

2. 偏旁练习

了解偏旁部首的名称及含义，认出汉字中的偏旁，并能借助偏旁了解汉字的意思以及根据所给的偏旁和其他部件组成汉字。

3. 组字、组词练习

用偏旁和其他部件组成汉字，使学生熟悉汉字的结构并通过组词练习不断复习学过的汉字。

4. 综合练习

每7篇课文之后有综合练习，将7篇课文中最常用的汉字列入表格里，让学生做认读练习和阅读练习。

编　者

于赫尔辛基大学

Introduction

Workbook on Chinese Characters is the companion exercise book of *Learning Chinese Overseas Textbook 2*. This workbook consists of 14 lessons. From Lesson 1 to Lesson 4, basic knowledge of formation structure of Chinese characters is provided. The workbook consists of the following exercises:

1. Exercise of trace writing

Students practise writing the characters by following the correct order. This kind of exercise enables students to become familiar with the strokes and writing orders, which helps them memorize Chinese characters.

2. Exercise of learning radicals

Students learn radicals in terms of their names and meanings as well as recognize them in characters so as to use radicals to understand meanings of characters. Students also learn to use radicals and other components to form the Chinese characters.

3. Exercise of characters formation and word formation

In making up one or several words with one given character, students learn the formation of compound words and understand their meanings as well as the skills of writing them.

4. General review of Chinese characters

After every 7 lessons there is a general review of the Chinese characters, which are listed in a chart. Students review the Chinese characters by recognizing them, reading them aloud as well as doing reading comprehension exercise.

The compilers
University of Helsinki

目录 Contents

第 一 课　　Lesson 1 ·· 1

第 二 课　　Lesson 2 ·· 5

第 三 课　　Lesson 3 ·· 9

第 四 课　　Lesson 4 ·· 13

第 五 课　　Lesson 5 ·· 17

第 六 课　　Lesson 6 ·· 20

第 七 课　　Lesson 7 ·· 23

综合复习（一）　General Review 1 ··· 26

第 八 课　　Lesson 8 ·· 30

第 九 课　　Lesson 9 ·· 33

第 十 课　　Lesson 10 ·· 37

第十一课　　Lesson 11 ·· 40

第十二课　　Lesson 12 ·· 44

第十三课　　Lesson 13 ·· 47

第十四课　　Lesson 14 ·· 51

综合复习（二）　General Review 2 ··· 54

第一课　Lesson 1

练习 Exercises

1. 写汉字

Write the following Chinese characters

2. 本课汉字的偏旁及其名称
The radicals in this lesson and their names

Radicals	Names of the radicals	Examples
（1）疒	sickness	病
（2）力	strength	动

根据下列汉字的偏旁部首,把它们放在正确的地方
Put the Chinese characters in the right places according to their radicals

息 春 昨 院 病 急
xī chūn zuó yuàn bìng jí

(1) 心＿＿ ＿＿ (2) 阝＿＿ (3) 日＿＿ ＿＿

(4) 疒＿＿

3. 用所给的汉字组词
Use the given characters to form words

生 院 花 下 公 旁
shēng yuàn huā xià gōng páng

(1) 医＿＿ (2) 医＿＿ (3) ＿＿园

(4) ＿＿园 (5) ＿＿边 (6) ＿＿边

4. 用A组的偏旁与B组的汉字组字
Combine Group A (radicals) with Group B (Chinese characters) to make Chinese characters

A

1	2	3	4	5	6
口	匚	疒	足	辶	力

B

a	b	c	d	e	f
丙	矢	元	云	包	云

1 yuán	2 yī	3 bìng	4 pǎo	5 yùn	6 dòng

5. 听写
Dictation

_____

_____

6. 汉字结构(1)
Structures of Chinese Characters (1)

Knowing the structures of Chinese characters can help the learners understand meanings of characters. Traditionally Chinese characters can be mainly divided into four groups according to the principles of their formations.

Group 1 Pictographic Characters

The pictographic characters resemble the objects they refer to. The following ten modern Chinese characters and their ancestor counterparts indicate that these characters have developed from pictographs.

1		日	rì	the sun
2		月	yuè	the moon
3		口	kǒu	mouth
4		木	mù	wood
5		水	shuǐ	water
6		山	shān	mountain
7		子	zǐ	child
8		人	rén	people
9		女	nǚ	woman
10		雨	yǔ	rain

第二课 Lesson 2

练习 Exercises

1. 写汉字
Write the following Chinese characters

gàn
干 干 干 干

mò
末 末 末 末 末 末

jiàn
件 件 件 件 件 件 件

bāo
包 包 包 包 包 包

shuāng
双 双 双 双 双

lì
历 历 历 历 历

qián
前 前 前 前 前 前 前 前 前

sǎo
扫 扫 扫 扫 扫 扫 扫

2. 本课汉字的偏旁及其名称
The radicals in this lesson and their names

Radicals	Names of the radicals	Examples
（1） 衤	clothes	衬
（2） 贝	shell	贵

根据下列汉字的偏旁部首,把它们放在正确的地方
Put the Chinese characters in the right places according to their radicals

休	期	裤	朋	袜	便
xiū	qī	kù	péng	wà	pián

(1) 衤 _____ (2) 亻 _____ (3) 月 _____

3. 用所给的汉字组词
Use the given Chinese characters to form words

花	话	扫	书	影	球
huā	huà	sǎo	shū	yǐng	qiú

(1) _____店   (2) _____店   (3) 电_____

(4) 电_____   (5) 打_____   (6) 打_____

4. 用A组的偏旁与B组的汉字组字
Combine Group A (radicals) with Group B (Chinese characters) to make Chinese characters

A

1	2	3	4	5	6
又	孑	夕	厂	灬	衤

B

a	b	c	d	e	f
又	占	亥	库	夕	力

1 shuāng	2 hái	3 duō	4 lì	5 diǎn	6 kù

5. 听写
Dictation

_____

_____

6. 汉字结构（2）
Structures of Chinese Characters (2)

Group 2 Indicative Characters

The indicative characters use logical forms to indicate meanings. The following modern Chinese characters are indicative characters.

1	一	一	yī	one
2	二	二	èr	two
3	三	三	sān	three
4	㇑	上	shàng	above
5	㇐	下	xià	under

第三课　Lesson 3

练习　Exercises

1. 写汉字
Write the following Chinese characters

2. 根据下列汉字的偏旁部首，把它们放在正确的地方
Put the Chinese characters in the right places according to their radicals

遍　经　感　还　忘　红
biàn　jīng　gǎn　hái　wàng　hóng

(1) 忄_____ _____　　(2) 辶_____ _____　　(3) 纟_____ _____

3. 用所给的汉字组词

Use the given Chinese characters to form words

所	高	可	趣	校	同
suǒ	gāo	kě	qù	xiào	tóng

(1) ＿＿以　　(2) ＿＿以　　(3) ＿＿兴

(4) 兴＿＿　　(5) ＿＿学　　(6) 学＿＿

4. 用A组的偏旁与B组的汉字组字

Combine Group A (radicals) with Group B (Chinese characters) to make Chinese characters

A

1	2	3	4	5	6
宀	竹	亻	力	饣	艹

B

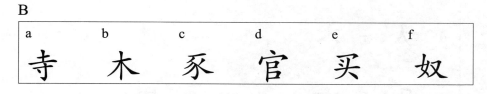

a	b	c	d	e	f
寺	木	豕	官	买	奴

1 jiā	2 děng	3 xiū	4 nǔ	5 guǎn	6 mài

5. 听写

Dictation

_____

_____

6. 汉字结构(3)

Structures of Chinese Characters (3)

Group 3 Compound Characters

A compound character is formed by combining two or three other characters and the meaning of the compound character is associated with that of its components. The following are compound characters.

1	日 + 月 → 明	míng	bright
2	木 + 木 → 林	lín	forest
3	木 + 木 + 木 → 森	sēn	forest
4	人 + 木 → 休	xiū	rest
5	田 + 力 → 男	nán	male

第四课 Lesson 4

练习 Exercises

1. 写汉字

Write the following Chinese characters

gào
告 告 告 告 告 告 告 告

sù
诉 诉 诉 诉 诉 诉 诉 诉

fā
发 发 发 发 发 发

xìn
信 信 信 信 信 信 信 信 信

fàng
放 放 放 放 放 放 放 放

yòu
又 又 又

jìng
净 净 净 净 净 净 净 净 净

ān
安 安 安 安 安 安 安

2. 根据下列汉字的偏旁部首,把它们放在正确的地方
Put the Chinese characters in the right places according to their radicals

宜　　接　　安　　但　　净　　信
yí　　jiē　　ān　　dàn　　jìng　　xìn

(1) 宀 _____ _____　(2) 亻_____ _____　(3) 冫_____

(4) 扌_____

3. 用所给的汉字组词
Use the given Chinese characters to form words

见　　火　　司　　前　　汽　　手
jiàn　　huǒ　　sī　　qián　　qì　　shǒu

(1) _____面　　(2) _____面　　(3) _____车

(4) _____车　　(5) _____机　　(6) _____机

4. 用A组的偏旁与B组的汉字组字

Combine Group A (radicals) with Group B (Chinese characters) to make Chinese characters

A

1	2	3	4	5	6
立	宀	氵	讠	亻	亻

B

a	b	c	d	e	f
占	舌	旦	女	斤	言

1 zhàn	2 ān	3 sù	4 huà	5 xīn	6 dàn

 5. 听写

Dictation

_____

_____

 6. 汉字结构(4)

Structures of Chinese Characters (4)

Group 4 Semantic–phonetic Characters

A semantic-phonetic character is composed of two parts. One of them indicates meaning and the other one indicates pronunciation to some extent. The following are semantic-phonetic characters.

1	女	+	马 mǎ	→	妈	mā mother
2	石	+	马 mǎ	→	码	mǎ code
3	父	+	巴 bā	→	爸	bà father
4	口	+	巴 bā	→	吧	ba particle
5	女	+	未 wèi	→	妹	mèi younger sister
6	口	+	未 wèi	→	味	wèi taste

第五课　Lesson 5

练习　Exercises

1. 写汉字
Write the following Chinese characters

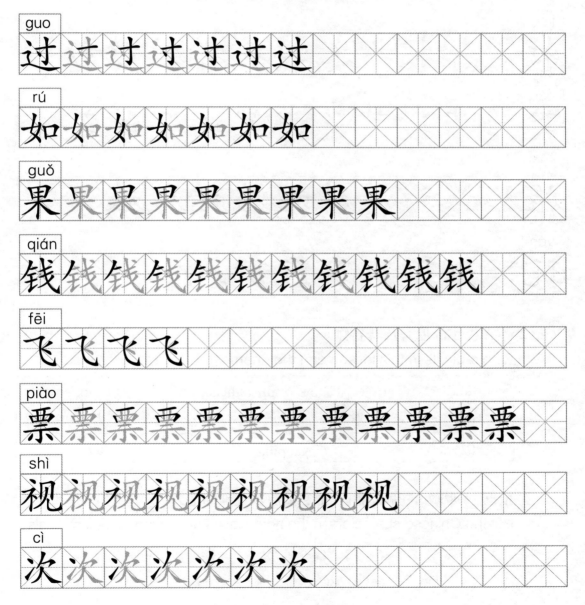

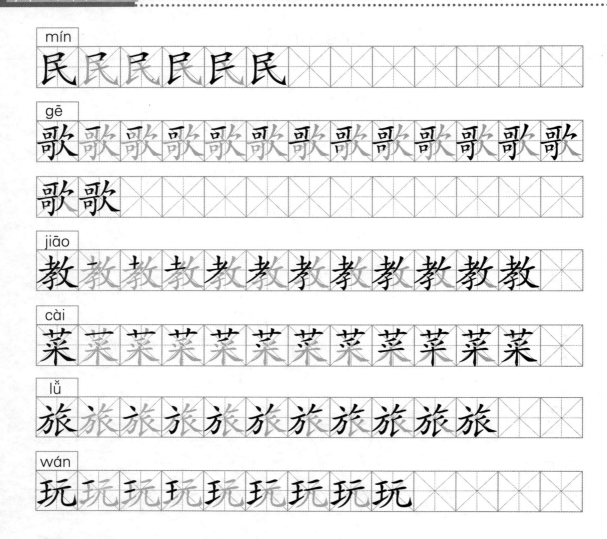

📖 2. 本课汉字的偏旁及其名称

The radicals in this lesson and their names

Radicals	Names of the radicals	Examples
（1） 火	fire	烤
（2） 攵	tapping	教

根据下列汉字的偏旁部首，把它们放在正确的地方

Put the Chinese characters in the right places according to their radicals

教　　歌　　钱　　次　　烤　　和
jiāo　　gē　　qián　　cì　　kǎo　　hé

(1) 攵＿＿＿ (2) 钅＿＿＿ (3) 氵＿＿＿

(4) 欠＿＿＿ (5) 火＿＿＿ (6) 禾＿＿＿

3. 用所给的汉字组词
Use the given Chinese characters to form words

绿	视	红	吃	听	影
lǜ	shì	hóng	chī	tīng	yǐng

(1) 电＿＿＿ (2) 电＿＿＿ (3) 好＿＿＿

(4) 好＿＿＿ (5) ＿＿＿茶 (6) ＿＿＿茶

4. 用A组的偏旁与B组的汉字组字
Combine Group A (radicals) with Group B (Chinese characters) to make Chinese characters

A

1	2	3	4	5	6
欠	欠	艹	艹	牛	攵

B

a	b	c	d	e	f
约	哥	又	勿	采	孝

1 gē	2 huān	3 yào	4 cài	5 wù	6 jiāo

5. 听写
Dictation

＿＿＿＿＿＿＿＿＿＿＿＿＿＿＿＿＿＿＿＿＿＿＿＿＿＿＿＿＿＿

＿＿＿＿＿＿＿＿＿＿＿＿＿＿＿＿＿＿＿＿＿＿＿＿＿＿＿＿＿＿

第六课　Lesson 6

练习　Exercises

1. 写汉字

Write the following Chinese characters

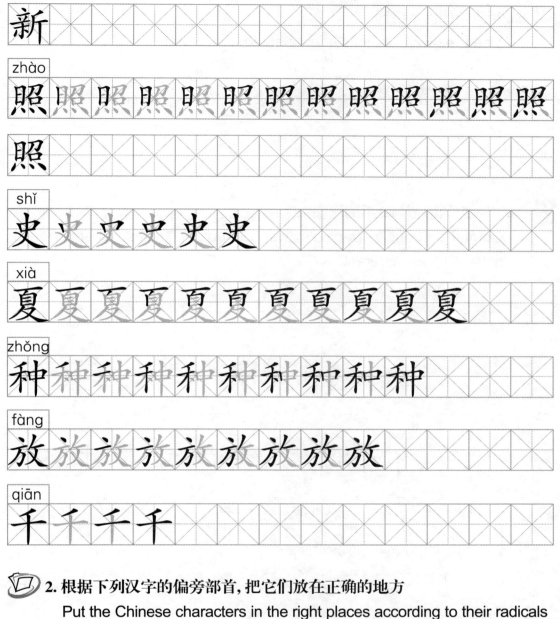

2. 根据下列汉字的偏旁部首,把它们放在正确的地方
Put the Chinese characters in the right places according to their radicals

他　　国　　过　　园　　位　　送
tā　　guó　　guò　　yuán　　wèi　　sòng

(1) 囗 _____ _____　　(2) 亻 _____ _____　　(3) 辶 _____ _____

3. 用所给的汉字组词

Use the given Chinese characters to form words

字　　公　　动　　有　　礼　　茶
zì　　gōng　dòng　yǒu　　lǐ　　chá

(1) ＿＿名　　　(2) 名＿＿　　　(3) ＿＿物

(4) ＿＿物　　　(5) ＿＿园　　　(6) ＿＿园

 4. 用A组的偏旁与B组的汉字组字

Combine Group A (radicals) with Group B (Chinese characters) to make Chinese characters

A

1	2	3	4	5	6
纟	纟	辶	辶	木	木

B

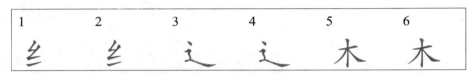

1 lù	2 gěi	3 sòng	4 guò	5 bēi	6 cūn

 5. 听写

Dictation

_____

_____

第七课 Lesson 7

练习 Exercises

1. 写汉字
Write the following Chinese characters

wǎng
网 网 网 网 网 网 网

dìng
订 订 订 订 订

rè
热 热 热 热 热 热 热 热 热 热

wàn
万 万 万 万

tài
太 太 太 太 太

yáng
阳 阳 阳 阳 阳 阳 阳

shā
沙 沙 沙 沙 沙 沙 沙 沙

diào
钓 钓 钓 钓 钓 钓 钓 钓 钓

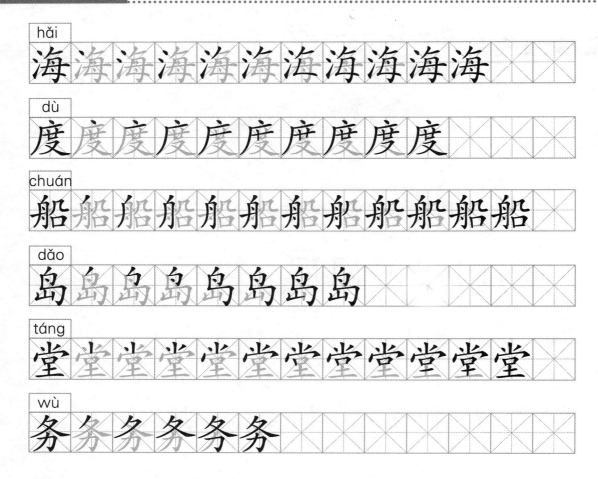

2. 本课汉字的偏旁及其名称

The radicals in this lesson and their names

Radicals	Names of the radicals	Examples
舟	ship	船

根据下列汉字的偏旁部首，把它们放在正确的地方

Put the Chinese characters in the right places according to their radicals

服　阳　种　都　胖　船
fú　yáng　zhǒng　dōu　pàng　chuán

(1) 禾_____　(2) 月_____ _____　(3) 阝_____ _____

(4) 舟_____

3. 用所给的汉字组词
Use the given Chinese characters to form words

度	海	店	放	外	馆
dù	hǎi	diàn	fàng	wài	guǎn

(1) 饭_____　　(2) 饭_____　　(3) _____假

(4) _____假　　(5) _____边　　(6) _____边

4. 用A组的偏旁与B组的汉字组字
Combine Group A (radicals) with Group B (Chinese characters) to make Chinese characters

A

1	2	3	4	5	6
氵	氵	灬	灬	日	日

B

a	b	c	d	e	f
执	每	寸	昭	少	西

1 hǎi	2 shā	3 rè	4 zhào	5 shí	6 shài

5. 听写
Dictation

_____

_____

综合复习（一） General Review 1

1. 读出下列汉字并说出它们的意思
Read aloud the following Chinese characters and tell the meanings

	A	B	C	D	E	F	G	H
1	医院	医生	公园	春天	夏天	时间	日历	饭馆儿
2	衬衫	裙子	袜子	鞋	书包	电视	电影	电影院
3	饭店	茶馆	长城	民歌	刀叉	筷子	熊猫	动物园
4	历史	客人	机会	船	飞机	火车	司机	天安门
5	书	学期	同学	短信	外国	外边	地方	服务员
6	票	糖	树	菜	药	电	病	一点儿
7	海边	着急	钓鱼	上网	打扫	见面	运动	休息
8	泡茶	告诉	放假	听说	觉得	跑	干	感兴趣
9	卖	丢	发	试	开	停	教	聊天儿
10	用	照	等	忘	订	回	想	放
11	努力	暖和	有名	便宜	干净	安静	热	晒(太阳)
12	难吃	好看	好吃	好听	快	贵	新	火车站
13	分钟	小时	去年	明年	周末	时候	一共	好玩儿
14	大概	特别	如果	只好	有的	已经	以前	但是
15	千	万	山	过	先	所以	那么	还
16	就	又	次	遍	双	件	位	种

2. 阅读练习 Reading Comprehesion

（一）

春天来了，天气暖和了。每天不下雨，不刮风。很多人都想去公园走一走，看一看公园里的树和花。小狗们也很高兴，它们也想在公园里跑一跑，特别是大阳的小狗卡拉。医生说，它太胖，每天得运动。可是大阳很忙，常常没有时间和卡拉一起运动。大阳周末没有课，他和小狗去公园了。他们一起运动了大概二十多分钟，现在他们很累，想晒晒太阳，休息休息。

(1) 春天天气怎么样？　　　　　A. 下雨　　　　　B. 不冷
(2) 很多人去公园_____。　　　A. 看花　　　　　B. 看小狗
(3) 小狗得去公园运动,因为_____。　A. 天气很好　　B. 它太胖
(4) 大阳周末去公园了,因为_____。　A. 他不累　　　B. 他不忙
(5) 现在他们想____。　　　　　A. 休息　　　　　B. 运动

（二）

　　学校放假了,林达和同学去上海了。他们先坐汽车到火车站,再坐火车去上海。在火车上,他们没有吃饭,因为火车上的快餐又贵又难吃。他们只吃了几个面包,喝了几杯咖啡和几瓶可乐。但是他们觉得坐火车旅行很舒服。他们坐了十多个小时,可是一点儿也不累。在火车上他们认识了一个非常有意思的中国人。他们很高兴,一起用汉语聊天儿,聊了一个多小时呢！那个人告诉他们,他当过汉语老师,教外国人说汉语。

(1) 林达是怎么去上海的？　　　A. 坐汽车　　　　B. 坐火车
(2) 他们在火车上吃了_____。　A. 面包　　　　　B. 快餐
(3) 他们觉得火车上的饭_____。　A. 很贵　　　　B. 很好吃
(4) 他们很高兴,因为他们_____。　A. 很舒服　　　B. 说汉语了
(5) 那个人现在的工作_____。　A. 是汉语老师　　B. 不是汉语老师

（三）

　　大卫已经学了一年多汉语了,可是他还没有去过中国。他打算明年去那儿看看。他在电视上见过很多中国有名的地方,但是没去过。他要去天安门,也要去四川看大熊猫,听中国民歌,但是不想吃中国菜。他得去长城,当"好汉"。如果有机会,他就去龙井,听说那儿的茶园有一千多年的历史。他对中国茶感兴趣,所以要去龙井喝绿茶。那么多好玩儿的地方,有意思的东西！但是飞机票不便宜,他得有钱买飞机票,所以他得先工作,再和朋友去旅行。

(1) 很多有名的地方大卫_____。　A. 见过　　　　　B. 去过
(2) 他打算去_____。　　　　　A. 天安门、吃中国菜　B. 看熊猫、听民歌
(3) 如果他要当"好汉",____。　A. 就去四川　　　B. 就去长城
(4) 他想去龙井,因为他____。　A. 对茶感兴趣　　B. 对历史感兴趣
(5) 他得先工作,因为_____。　A. 要买飞机票　　B. 朋友要旅行

（四）

　　上星期天上午，王太太去商店了。她给儿子买了一件衬衫，给女儿买了一条裤子，给王先生买了一双鞋和一双袜子，给她自己买了一条裙子。下午，她和孩子们去动物园了。那里有很多有意思的动物。

　　孩子们特别喜欢小鸟和鸭子。他们照了很多动物的照片。晚上，王太太去电影院了。她看了一个新电影，是外国电影，不太好看，但是电影里的音乐很好听。

(1) 王太太给女儿买了_____。　　A. 一条裙子　　B. 一条裤子
(2) 王太太给儿子买了_____。　　A. 一件衬衫　　B. 一双袜子
(3) 孩子们去_____。　　　　　A. 电影院了　　B. 动物园了
(4) 王太太看了一个_____。　　A. 外国电影　　B. 老电影
(5) 王太太觉得____。　　　　　　A. 音乐好听　　B. 电影好看

（五）

马可：这个中国饭馆儿真不错，又干净，又安静。

小文：是啊。你常常来这儿吃饭吗？

马可：来过两三次。我想学习用筷子吃饭。

小文：是吗？他们的服务怎么样？

马可：很好，所以，这儿也是一个和朋友见面的好地方。

小文：这儿的饭怎么样？

马可：有的人说饭好，有的人说饭不好。

小文：六点了，林达怎么还没来？我已经给她发了一个短信了。

马可：她回你的短信了吗？

小文：没有。她怎么了？

马可：别着急，我们等一等。

小文：你看，她来了！林达，我们在这儿！

林达：对不起，我来晚了。我去医院了。

马可：你病了吗？

林达：一个朋友病了，我去医院看他了。

马可：你怎么没回我的短信？

小文：看看你的手机，没电了吧。

林达：哎呀(āiyā)！我的手机不见了。

(1) 这个饭馆儿马可来过_____。　　A. 很多次　　　　B. 几次
(2) 马可_____。　　　　　　　　A. 想用筷子　　　B. 不想用筷子
(3) 朋友在这儿见面,因为_____。　A. 饭很好　　　　B. 服务很好
(4) 林达来晚了,因为_____。　　　A. 她病了　　　　B. 去看朋友了
(5) 林达为什么没回短信?　　　　　A. 手机丢了　　　B. 手机没电了

第八课 Lesson 8

练习 Exercises

1. 写汉字

Write the following Chinese characters

huà
画 画 画 画 画 画 画 画 画

xiāng
相 相 相 相 相 相 相 相 相 相

chàng
唱 唱 唱 唱 唱 唱 唱 唱 唱 唱 唱

zhēn
真 真 真 真 真 真 真 真 真 真 真

jīn
金 金 金 金 金 金 金 金 金

jí
极 极 极 极 极 极 极 极

2. 根据下列汉字的偏旁部首,把它们放在正确的地方
Put the Chinese characters in the right places according to their radicals

滑　话　游　许　笑　得　很　活　泳　篮
huá　huà　yóu　xǔ　xiào　de　hěn　huó　yǒng　lán

(1) 氵 _____　　(2) 讠 _____

(3) 彳 _____　　(4) 竹 _____

3. 用所给的汉字组词
Use the given Chinese characters to form words

网　篮　下　国　滑　相　真　语　识　短
wǎng　lán　xià　guó　huá　xiāng　zhēn　yǔ　shí　duǎn

(1) _____球　　(2) _____球　　(3) _____外　　(4) _____外

(5) 认____ (6) 认____ (7) ____雪 (8) ____雪

(9) ____信 (10) ____信

4. 用A组的偏旁与B组的汉字组字

Combine Group A (radicals) with Group B (Chinese characters) to make Chinese characters

A

1	2	3	4	5	6	7	8
口	口	讠	讠	讠	氵	氵	氵

B

a	b	c	d	e	f	g	h
午	舌	乞	骨	昌	人	吾	永

1 chī	2 chàng	3 xǔ	4 rèn	5 yǔ	6 huá	7 yǒng	8 huó

5. 听写

Dictation

_____

_____

第九课　Lesson 9

练习　Exercises

1. 写汉字

Write the following Chinese characters

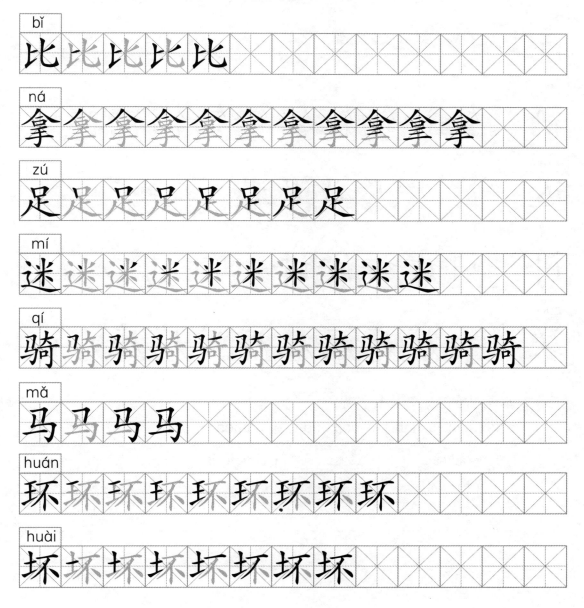

2. 本课汉字的偏旁及其名称
The radicals in this lesson and their names

Radicals	Names of the radicals	Examples
（1）车	vehicle	辆
（2）马	horse	骑

根据下列汉字的偏旁部首,把它们放在正确的地方

Put the Chinese characters in the right places according to their radicals

辆	炼	慢	轮	踢	迷	路	迟	烦	快
liàng	liàn	màn	lún	tī	mí	lù	chí	fán	kuài

(1) 车 _____ _____ (2) 火 _____ _____ (3) 足 _____ _____

(4) 辶 _____ _____ (5) 忄 _____ _____

3. 用所给的汉字组词

Use the given Chinese characters to form words

汽	马	篮	车	足	共	里	火	网	自行
qì	mǎ	lán	chē	zú	gòng	lǐ	huǒ	wǎng	zìxíng

(1) 骑_____ (2) 骑_____ (3) 公_____ (4) 公_____

(5) _____球 (6) _____球 (7) _____球 (8) _____车

(9) _____车 (10) _____车

4. 用A组的偏旁与B组的汉字组字

Combine Group A (radicals) with Group B (Chinese characters) to make Chinese characters

A

1	2	3	4	5	6	7	8
车	车	足	足	辶	辶	忄	忄

B

a	b	c	d	e	f	g	h
两	易	米	曼	仑	夹	各	尺

1 liàng	2 lún	3 tī	4 lù	5 chí	6 mí	7 kuài	8 màn

5. 听写

Dictation

_____

_____

第十课　Lesson 10

练习 Exercises

1. 写汉字

Write the following Chinese characters

dān
单 单 单 单 单 单 单 单 单

dì
第 第 第 第 第 第 第 第 第 第 第 第

zǒng
总 总 总 总 总 总 总 总 总 总

fù
付 付 付 付 付 付

jià
价 价 价 价 价 价 价

liàn
练 练 练 练 练 练 练 练 练

mǐ
米 米 米 米 米 米 米

bāo
包 包 包 包 包 包

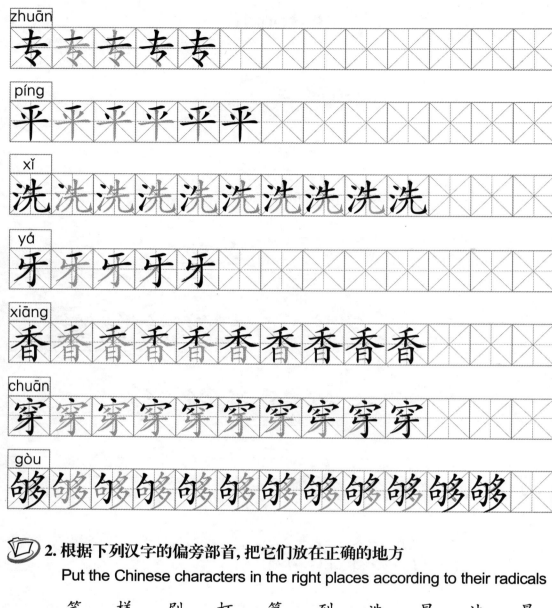

2. 根据下列汉字的偏旁部首,把它们放在正确的地方

Put the Chinese characters in the right places according to their radicals

笑	样	刷	杯	第	到	洗	早	法	最
xiào	yàng	shuā	bēi	dì	dào	xǐ	zǎo	fǎ	zuì

(1) 氵＿＿＿ ＿＿＿　　(2) 日＿＿＿ ＿＿＿　　(3) 刂＿＿＿ ＿＿＿

(4) 木＿＿＿ ＿＿＿　　(5) 竹＿＿＿ ＿＿＿

3. 用所给的汉字组词
Use the given Chinese characters to form words

有	米	付	练	专	大	早	面	子	学
yǒu	mǐ	fù	liàn	zhuān	dà	zǎo	miàn	zi	xué

(1) ____饭　　(2) ____饭　　(3) 包____　　(4) ____包

(5) ____钱　　(6) ____钱　　(7) ____习　　(8) ____习

(9) ____家　　(10) ____家

4. 用A组的偏旁与B组的汉字组字
Combine Group A (radicals) with Group B (Chinese characters) to make Chinese characters

A

1	2	3	4	5	6	7	8
艹	艹	亻	亻	氵	氵	木	木

B

a	b	c	d	e	f	g	h
先	寸	去	采	介	羊	平	不

1 píng	2 cài	3 jià	4 fù	5 fǎ	6 xǐ	7 yàng	8 bēi

5. 听写
Dictation

_____

_____

第十一课　Lesson 11

练习 Exercises

1. 写汉字
Write the following Chinese characters

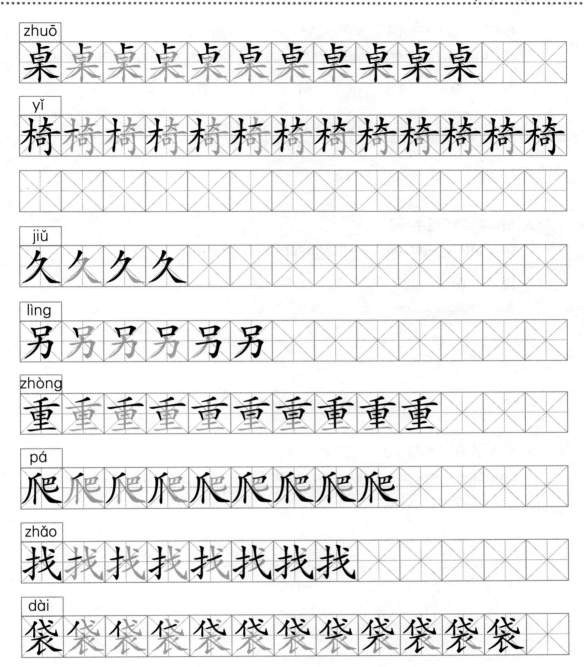

2. 本课汉字的偏旁及其名称
The radicals in this lesson and their names

Radicals	Names of the radicals	Examples
（1） 衤	clothes	袋

根据下列汉字的偏旁部首，把它们放在正确的地方

Put the Chinese characters in the right places according to their radicals

梯	钱	楼	银	椅	室	教	容	故	袋
tī	qián	lóu	yín	yǐ	shì	jiào	róng	gù	dài

(1) 木＿＿＿ ＿＿＿ ＿＿＿   (2) 攵＿＿＿ ＿＿＿

(3) 钅＿＿＿ ＿＿＿   (4) 宀＿＿＿ ＿＿＿   (5) 衣＿＿＿

3. 用所给的汉字组词

Use the given Chinese characters to form words

楼	房	电	钱	时	遇	椅	书	桌	迟
lóu	fáng	diàn	qián	shí	yù	yǐ	shū	zhuō	chí

(1) ＿＿＿梯　(2) ＿＿＿梯　(3) ＿＿＿子　(4) ＿＿＿子

(5) ＿＿＿到　(6) ＿＿＿到　(7) ＿＿＿包　(8) ＿＿＿包

(9) ＿＿＿间　(10) ＿＿＿间

4. 用A组的偏旁与B组的汉字组字

Combine Group A (radicals) with Group B (Chinese characters) to make Chinese characters

A

1	2	3	4	5	6	7	8
攵	攵	钅	钅	禾	木	木	木

B

a	b	c	d	e	f	g	h
孝	艮	古	弟	奇	且	娄	月

1 gù	2 jiào	3 yín	4 yào	5 zǔ	6 yǐ	7 tī	8 lóu

5. 听写
Dictation

_____

_____

第十二课　Lesson 12

练习 Exercises

1. 写汉字

Write the following Chinese characters

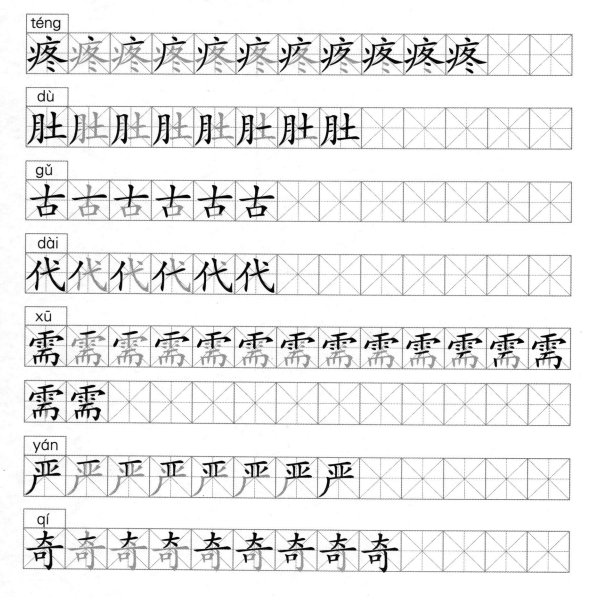

2. 根据下列汉字的偏旁部首，把它们放在正确的地方
Put the Chinese characters in the right places according to their radicals

逃	派	服	看	疼	法	病	着	远	肚
táo	pài	fú	kàn	téng	fǎ	bìng	zhe	yuǎn	dù

(1) 目＿＿＿＿ ＿＿＿＿ (2) 疒＿＿＿＿ ＿＿＿＿ (3) 氵＿＿＿＿ ＿＿＿＿

(4) 月＿＿＿＿ ＿＿＿＿ (5) 辶＿＿＿＿ ＿＿＿＿

3. 用所给的汉字组词
Use the given Chinese characters to form words

下	严	原	要	生	需	为	天	重	会儿
xià	yán	yuán	yào	shēng	xū	wèi	tiān	zhòng	huìr

(1) 因＿＿＿ (2) ＿＿＿因 (3) ＿＿＿重 (4) 重＿＿＿

(5) 一＿＿＿　　(6) 一＿＿＿　　(7) ＿＿＿气　　(8) ＿＿＿气

(9) ＿＿＿要　(10) ＿＿＿要

4. 用A组的偏旁与B组的汉字组字

Combine Group A (radicals) with Group B (Chinese characters) to make Chinese characters

A

1	2	3	4	5	6	7	8
刂	刂	辶	辶	讠	讠	疒	疒

B

a	b	c	d	e	f	g	h
至	兆	井	元	丙	射	冬	另

1 dào	2 bié	3 yuǎn	4 táo	5 jiǎng	6 xiè	7 bìng	8 téng

5. 听写

Dictation

_____

_____

第十三课 Lesson 13

练习 Exercises

1. 写汉字

Write the following Chinese characters

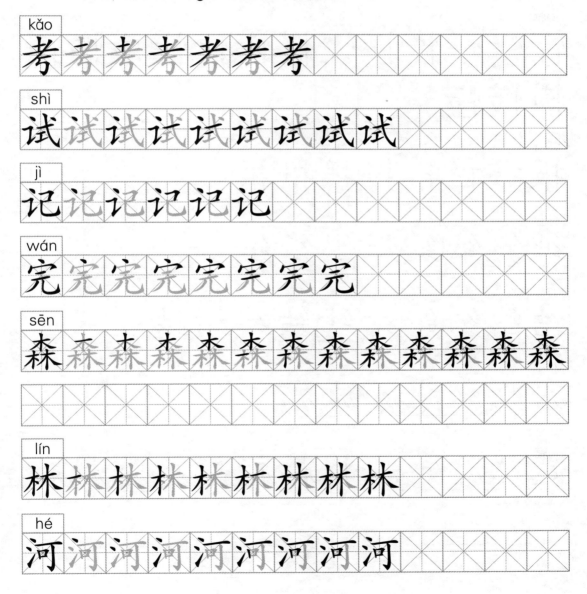

2. 根据下列汉字的偏旁部首，把它们放在正确的地方
Put the Chinese characters in the right places according to their radicals

纸　湖　林　词　海　结　河　游　记　森
zhǐ　hú　lín　cí　hǎi　jié　hé　yóu　jì　sēn

（1）氵_____　　　（2）木_____

（3）讠_____　　　（4）纟_____

3. 用所给的汉字组词
Use the given Chinese characters to form words

办　森　学　方　复　互　树　上　信　一
bàn　sēn　xué　fāng　fù　hù　shù　shàng　xìn　yī

（1）____法　（2）____法　（3）____林　（4）____林

（5）____习　（6）____习　（7）相____　（8）____相

（9）____边　（10）____边

4. 用A组的偏旁与B组的汉字组字
Combine Group A (radicals) with Group B (Chinese characters) to make Chinese characters

A

1	2	3	4	5	6	7	8
冫	木	木	讠	讠	氵	氵	氵

B

a	b	c	d	e	f	g	h
司	己	对	水	胡	可	木	每

1 bīng	2 shù	3 lín	4 cí	5 jì	6 hú	7 hǎi	8 hé

5. 听写

Dictation

_____

_____

第十四课　Lesson 14

练习 Exercises

1. 写汉字

Write the following Chinese characters

2. 根据下列汉字的偏旁部首，把它们放在正确的表格中
Put the Chinese characters in the right places according to their radicals

护	想	照	急	场	部	找	那	地	点
hù	xiǎng	zhào	jí	chǎng	bù	zhǎo	nà	dì	diǎn

(1) 扌_____　　(2) 阝_____　　(3) 灬_____

(4) 土_____　　(5) 心_____

3. 用所给的汉字组词
Use the given Chinese characters to form words

护	李	能	视	旅	话	片	起	是	机
hù	li	néng	shì	lǚ	huà	piàn	qǐ	shì	jī

(1) ____照　　(2) 照____　　(3) ____飞　　(4) 飞____

(5) 行____　　(6) ____行　　(7) 电____　　(8) 电____

(9) 可____　　(10) 可____

4. 用A组的偏旁与B组的汉字组字
Combine Group A (radicals) with Group B (Chinese characters) to make Chinese characters

A

1	2	3	4	5	6	7	8
女	女	扌	扌	扌	门	门	门

B

a	b	c	d	e	f	g	h
子	户	台	戈	耳	丁	口	日

1 shǐ	2 hǎo	3 zhǎo	4 dǎ	5 hù	6 wén	7 jiān	8 wèn

5. 听写
Dictation

综合复习（二） General Review 2

1. 读出下列汉字并说出它们的意思
Read aloud the following Chinese characters and tell the meanings

	A	B	C	D	E	F	G	H
1	滑雪	画画	唱歌	骑马	迟到	相信	发现	穿(上)
2	练习	复习	听写	考试	结束	开始	开车	第(一)
3	生气	需要	洗澡	进去	出来	逃走	付钱	(写)完
4	找	拿	派	够	躺	读	懂	点(菜)
5	踢	讲	爱好	金鱼	银行	原因	环境	帮(助)
6	教室	桌子	椅子	故事	中餐	米饭	包子	菜单
7	电梯	楼梯	水平	口袋	讲座	麻烦	古代	亲爱(的)
8	方法	办法	路上	足球	篮球	网球	森林	(足球)迷
9	湖	江	河	关系	报纸	句子	水平	自行车
10	词	色	牙	头	肚子	远	近	出租车
11	疼	慢	坏	重	重要	严重	认真	(很)久
12	简单	许多	奇怪	方便	总是	一直	比较	极(了)
13	互相	可能	有时	另	更	比	越来越	一边
14	辆	才	离	正在	得	(看)着	(高兴)地	差不多

2. 阅读练习 Reading Comprehesion

（一）

王小明是一个很有意思的人。他有很多爱好,特别喜欢打球。篮球、网球他都打得不错,不过,他篮球比网球打得好一点儿。他也常常跟朋友踢足球,但是他没有朋友踢得好。唱歌是他最大的爱好,他常常一边骑自行车,一边唱歌。大家都说,他唱得不太好听,可是他每天还是很高兴地唱歌。他还想学很多东西。他有空儿的时候,常常想学滑雪,可是不行,因为他住的地方冬天15度左右。

(1) 他篮球_____。　　　A. 比网球打得好　　B. 没有网球打得好
(2) 他的朋友踢足球_____。　A. 没有他好　　　　B. 比他好
(3) 他的最大爱好是_____。　A. 骑自行车　　　　B. 唱歌

(4) 他唱歌唱得_____。　　A. 不好听　　　　　　B. 太好听了
(5) 他不能学滑雪，因为_____。　　A. 没有时间　　　　　　B. 没有雪

（二）

　　学习汉语的外国人都觉得汉字很难，但是也很有意思。林达对汉字特别感兴趣，她学习汉字有很好的方法。她常常练习写汉字，每个汉字她都写很多遍，所以学过的汉字她都能记住。还有，她总是努力记住偏旁的意思，因为偏旁和汉字的意思有一些关系。她最喜欢的是"木"字，知道了它的意思，就知道了"林、森"的意思了。准备考试的时候，她和同学们互相帮助，一起认真地练习、复习，有时还听写。上个星期，他们有一个汉字考试，50个汉字，林达只写错了5个。现在，林达的汉语水平比较高，她能看懂汉语报纸了，但是汉语书还不行。

(1) 林达的第一个方法是_____。　　A. 练习写汉字　　　　B. 对汉字感兴趣
(2) 林达的第二个方法是_____。　　A. 学习"木"字　　　　B. 学习偏旁
(3) 林达的第三个方法是_____。　　A. 准备考试　　　　　B. 互相帮助
(4) 林达写对了_____。　　　　　　A. 45个汉字　　　　　B. 5个汉字
(5) 林达能看懂_____。　　　　　　A. 汉语书　　　　　　B. 汉语报纸

（三）

　　今天是星期天，房间里很安静。马可在床上躺着，头很疼，有点儿发烧。他觉得自己的病不严重，但是得出去买一点儿药。外面天气比较冷，他很不喜欢天气冷的时候出去，但是他需要吃药。他知道医院旁边有一个小药店，打算去那儿买药。

　　他穿上衣服，拿着书包到了电梯口，发现电梯坏了。他的房间在6楼，他走了十分钟才到楼下。还好，从他住的楼到药店，走一刻钟就到了。

(1) 马可躺着，因为_____。　　　　　A. 房间里很安静　　　B. 他病了
(2) 马可不想出去，因为_____。　　　A. 他的病很严重　　　B. 天气冷
(3) 马可要去_____。　　　　　　　　A. 医院　　　　　　　B. 药店
(4) 马可觉得从房间到楼下他_____。　A. 走了很长时间　　　B. 很快就到了
(5) 他住的楼离药店_____。　　　　　A. 比较远　　　　　　B. 比较近

（四）

　　今天学校有一个重要的讲座，小文想去听。讲座九点开始，她得早一点儿到学校，不能迟到。她打算骑车去，因为路上常常有很多汽车，有时骑车比坐汽车

快,更方便。

　　早上起床后,她马上洗澡、刷牙。妈妈叫她吃早饭,她没听见,穿上衣服就走了。她没有迟到。讲座很有意思,开始的时候很简单,她都听懂了。后来,有的词和句子她没学过,比较难。对这个讲座感兴趣的人很多,教室里有一百多人,椅子不够,一些人只好站着听。

(1) 小文要去学校,她想_____。　　A. 九点以前到　　B. 九点到
(2) 小文打算骑车去,因为_____。　　A. 骑车方便　　B. 没有汽车
(3) 小文_____。　　　　　　　　　A. 吃早饭了　　B. 没吃早饭
(4) 这个讲座小文_____。　　　　　A. 都听懂了　　B. 有的没听懂
(5) 一些人站着听,因为_____。　　 A. 没有椅子了　B. 感兴趣

(五)

小文:你喜欢什么运动?
大阳:游泳,骑车,我都喜欢。
小文:你游得怎么样?
大阳:我游得不错,但是马可游得比我好。不过……
小文:不过什么?
大阳:我骑车比他快。你游泳游得怎么样?
小文:我游得比较慢,我更喜欢滑雪。
大阳:是吗?滑得怎么样?
小文:还可以,冬天我常常和林达一起滑雪。
大阳:林达滑得怎么样?
小文:水平和我一样,但是她总是说没有我滑得好。
大阳:明天我们一起去滑雪吧!
小文:好。给大卫打电话,让他一起去,他比我们滑得都好。
大阳:滑雪场离学校远吗?
小文:开车20分钟就到了。

(1) 大阳游泳_____。　　　　A. 比马可好　　　B. 没有马可好
(2) 马可骑车_____。　　　　A. 没有大阳快　　B. 比大阳快
(3) 林达滑雪_____。　　　　A. 和小文一样好　B. 比小文好
(4) 谁滑雪滑得最好?　　　　　A. 林达　　　　　B. 大卫
(5) 小文觉得滑雪场_____。　 A. 离学校不远　　B. 离学校很远

	A	B	C	D	E	F	G	H
1	医院	医生	公园	春天	夏天	时间	日历	饭馆儿
2	衬衫	裙子	袜子	鞋	书包	电视	电影	电影院
3	饭店	茶馆	长城	民歌	刀叉	筷子	熊猫	动物园
4	历史	客人	机会	船	飞机	火车	司机	天安门
5	书	学期	同学	短信	外国	外边	地方	服务员
6	票	糖	树	菜	药	电	病	一点儿
7	海边	着急	钓鱼	上网	打扫	见面	运动	休息
8	泡茶	告诉	放假	听说	觉得	跑	干	感兴趣
9	卖	丢	发	试	开	停	教	聊天儿
10	用	照	等	忘	订	回	想	放
11	努力	暖和	有名	便宜	干净	安静	热	晒(太阳)
12	难吃	好看	好吃	好听	快	贵	新	火车站
13	分钟	小时	去年	明年	周末	时候	一共	好玩儿
14	大概	特别	如果	只好	有的	已经	以前	但是
15	千	万	山	过	先	所以	那么	还
16	就	又	次	遍	双	件	位	种

	A	B	C	D	E	F	G	H
1	滑雪	画画	唱歌	骑马	迟到	相信	发现	穿(上)
2	练习	复习	听写	考试	结束	开始	开车	第(一)
3	生气	需要	洗澡	进去	出来	逃走	付钱	(写)完
4	找	拿	派	够	躺	读	懂	点(菜)
5	踢	讲	爱好	金鱼	银行	原因	环境	帮(助)
6	教室	桌子	椅子	故事	中餐	米饭	包子	菜单
7	电梯	楼梯	水平	口袋	讲座	麻烦	古代	亲爱(的)
8	方法	办法	路上	足球	篮球	网球	森林	(足球)迷
9	湖	江	河	关系	报纸	句子	水平	自行车
10	词	色	牙	头	肚子	远	近	出租车
11	疼	慢	坏	重	重要	严重	认真	(很)久
12	简单	许多	奇怪	方便	总是	一直	比较	极(了)
13	互相	可能	有时	另	更	比	越来越	一边
14	辆	才	离	正在	得	(看)着	(高兴)地	差不多